la saga twilight
tentation

LE GUIDE OFFICIEL DU FILM

MARK COTTA

hachette

L'édition originale de cet ouvrage a paru sous le titre :
THE TWILIGHT SAGA : NEW MOON, THE OFFICIAL ILLUSTRATED MOVIE COMPANION

Direction artistique : Georgia Rucker Design

Adaptation française et réalisation :

CASSI
EDITION

Vanessa Blondel, Anne Leignadier-Cotto,
Julie Bordes

© Hachette Livre, 2009 pour la traduction française et la présente édition.
Hachette Livre, 43, quai de Grenelle, 75015 Paris.

ISBN : 978-2-01-201925-6
Dépôt légal : novembre 2009
Imprimé au Canada par Transcontinental Interglobe
20.1925.5/01

Pour Stephenie Meyer et Chris Weitz,
les heureux parents de *Tentation*, et pour mes « Twilighteuses » préférées :
Katelin Vaz Labat et la toute nouvelle adepte Teresa Vaz Goodfellow.
Vous êtes mes rayons de lune…
— MARK COTTA VAZ

Un tonnerre d'applaudissements et une immense ovation
pour tous les artisans du film *La Saga Twilight : Tentation*,
dont les souvenirs et les réflexions ont servi de base à ce livre :

CHRIS WEITZ, RÉALISATEUR
MELISSA ROSENBERG, SCÉNARISTE
DAVID BRISBIN, CHEF DÉCORATEUR
CATHERINE IRCHA, DIRECTRICE ARTISTIQUE
JAVIER AGUIRRESAROBE, DIRECTEUR DE LA PHOTOGRAPHIE
PETER LAMBERT, MONTEUR
ABRAHAM FRASER, RÉGISSEUR D'EXTÉRIEURS
RENE HAYNES, DIRECTRICE DE CASTING
TISH MONAGHAN, CRÉATRICE DES COSTUMES
THOM MCINTYRE, STYLISTE COIFFURE
NORMA HILL-PATTON, CHEF MAQUILLEUSE
J.J. MAKARO, COORDINATEUR DES CASCADES

SUSAN MACLEOD, RESPONSABLE DES EFFETS VISUELS ET PRODUCTRICE
ERIC PASCARELLI, RESPONSABLE DES EFFETS VISUELS, PRIME FOCUS

TIPPETT STUDIO, ÉQUIPE *TENTATION*
PHIL TIPPETT, RESPONSABLE DES EFFETS VISUELS
MATT JACOBS, CORESPONSABLE DES EFFETS VISUELS
NATE FREDENBURG, DIRECTEUR ARTISTIQUE
TOM GIBBONS, RESPONSABLE ANIMATION
KEN KOKKA, PRODUCTEUR EFFETS VISUELS
KIP LARSEN, PRODUCTEUR DÉLÉGUÉ

WYCK GODFREY, PRODUCTEUR
BILL BANNERMAN, PRODUCTEUR EXÉCUTIF
GILLIAN BOHRER, RESPONSABLE DÉVELOPPEMENT
SUMMIT ENTERTAINMENT
ANDI ISAACS, VICE-PRÉSIDENTE EXÉCUTIVE
ET DIRECTRICE DE PRODUCTION SUMMIT ENTERTAINMENT
ERIK FEIG, PRÉSIDENT PRODUCTION
ET ACQUISITIONS SUMMIT ENTERTAINMENT

«Je détenais
une vérité
que je n'étais pas libre
de dévoiler, que je me sentais
obligée de protéger. Dont
Jacob, cependant, semblait
ne plus rien ignorer, soudain[1].»

TABLE DES MATIÈRES

INTRODUCTION

« CES PLAISIRS VIOLENTS ONT DES FINS VIOLENTES.
DANS LEURS EXCÈS, ILS MEURENT
TELS LA POUDRE ET LE FEU,
QUE LEUR BAISER CONSUME. »

— ROMÉO ET JULIETTE, ACTE II, SCÈNE 5*

C'est avec cette citation de Shakespeare, tirée de *Roméo et Juliette,* la tragique histoire d'un amour immortel entre deux jeunes amants que vient contrarier le destin, que Stephenie Meyer débute *la Saga Twilight :Tentation,* le deuxième tome des aventures de *Twilight.* Frère Laurent dit ces mots à Roméo, alors qu'ils attendent l'arrivée de Juliette pour la cérémonie du mariage secret. La peur prémonitoire du moine fait écho aux paroles provocantes de Roméo à propos de sa bien-aimée :

Et qu'alors la mort, vampire de l'amour, fasse ce qu'elle ose.
C'est assez que Juliette soit mienne !

Comme les amants malheureux de Shakespeare, Edward Cullen et Bella Swan sont inconscients de la « mort, vampire de l'amour » et de ce qui les sépare : Edward, vampire éternellement âgé de dix-sept ans est amoureux de Bella la mortelle qui, voyant arriver la date de son dix-huitième anniversaire, serait heureuse de devenir un vampire si Edward y consentait. Malgré cette impasse, *la Saga Twilight : Fascination,* le premier tome de *Twilight,* se termine sur l'échange de déclarations d'amour éternel par les deux amants.

Dans *Tentation,* Edward quitte Bella. Celle-ci est dévastée par le chagrin : « J'étais pareille à une lune perdue — ma planète avait été détruite par le scénario d'un quelconque film catastrophe — qui continuait néanmoins à tourner en une toute petite orbite autour du vide créé par le cataclysme en ignorant les lois de la gravité[2]. »

*William Shakespeare, *Roméo et Juliette,* in *Œuvres complètes,* éd. bilingue, *Tragédies 1,* traduit de l'anglais par Victor Bourgy, Éditions Robert Laffont, Paris, 1995.

Cette rupture amoureuse n'est que le prélude du parcours émotionnel de Bella dans *Tentation*. Elle s'aperçoit que la vie continue, que d'autres personnes peuvent devenir précieuses pour elle et que l'amour éternel est peut-être après tout possible…

Durant cette période de profond chagrin, elle découvre que le surnaturel ne se cantonne pas au cadre confortable de la résidence des Cullen, lieu de sa véritable initiation à ce qui reste normalement invisible aux mortels. Les forêts familières de son enfance sur la côte nord-ouest du Pacifique sont hantées par d'étranges créatures capables de se métamorphoser, et même son expérience avec des vampires (essentiellement avec les Cullen, les «vampires végétariens») paraît fade au regard de sa rencontre avec les Volturi (qui semblent vouloir s'emparer d'elle, comme si tel était son destin).

Après Twilight

Robert Pattinson dans le rôle d'Edward Cullen et Kristen Stewart dans celui de Bella Swan.

Les innombrables intempéries (neige, pluie, verglas, froid glacial) qui ont accablé l'équipe de production pendant qu'elle travaillait à l'adaptation du premier roman de Stephenie Meyer ont forgé la légende du film *Twilight*. L'idée avait été de rester le plus fidèle possible au livre, jusque dans sa situation géographique, et donc de tourner dans la péninsule d'Olympic, plus précisément dans la ville de Forks, État de Washington – qui existe réellement. Il s'agit de l'endroit le plus pluvieux de tout le continent nord-américain, parfait pour des vampires qui veulent se fondre dans la société humaine. Selon la mythologie de Stephenie Meyer, les vampires ne sont pas des êtres nocturnes (en fait, ils ne dorment jamais), mais leur peau devient à la lumière du soleil d'une luminosité éblouissante. Au lieu de s'isoler dans la ville de Forks, l'équipe a choisi de tourner dans l'Oregon, à Portland et dans ses environs. C'était l'un des pires hivers que la région ait connu depuis des années, et ce jusqu'au dernier jour de tournage marqué par une forte pluie. Comme l'a noté la réalisatrice Catherine Hardwicke dans son carnet de tournage en ligne : « Le tournage se termine… Nous avons survécu à la neige, au grésil, aux averses torrentielles, et au soleil torride (quand nous n'en voulions pas) – parfois dans la même journée. Parler de météo difficile est un sacré euphémisme[3]. »

Avec ce projet, Summit Entertainment jouait gros. Spécialisée dans la distribution de films à l'étranger et le cofinancement de projets, cette société avait décidé de sauter le pas vers la production en tant que telle. Après une pré-réservation en décembre 2006, elle acquiert définitivement les droits sur *Fascination* en juin 2007. Le film devait être le projet phare du studio débutant, basé à Santa Monica, en Californie. Le studio et les réalisateurs étaient confiants, sentant qu'ils allaient surfer sur la vague d'un phénomène.

« Nous avons toujours pensé que *Twilight* pourrait être un succès à la hauteur de nos espérances, vu le public de jeunes filles et de femmes qui avait acheté les livres », souligne

« CE QUE NOUS NE SAVIONS PAS, C'EST QUE LE LECTORAT DE *TWILIGHT* EXPLOSERAIT PENDANT L'ANNÉE DE TOURNAGE DU FILM. ÇA NOUS A TOUS ESTOMAQUÉS. »

le producteur Wyck Godfrey qui, avec la productrice exécutive Karen Rosenfelt, fait partie des ceux qui avaient travaillé sur le premier film et revenaient pour le deuxième. « Ce que nous ne savions pas, c'est que le lectorat de *Twilight* exploserait pendant l'année de tournage du film. Ça nous a tous estomaqués. Les signes avant-coureurs n'avaient pas manqué, avec l'irruption de curieux sur le tournage, cherchant à apercevoir leurs idoles. »

Fascination est un roman très spécial et profondément intime pour les fans. Ils sont devenus les âmes sœurs de cette adolescente mortelle éperdue d'amour pour un vampire, et leur idolâtrie a monté d'un cran lorsqu'Edward et Bella se sont trouvés incarnés physiquement à l'écran. Ils se sont alors mis à attendre dans la fièvre le 21 novembre 2008, date de la sortie du film.

Le producteur Wyck Godfrey a compris l'ampleur du phénomène lors du Comic-Con

Les acteurs de **Tentation** *lors d'une projection de* **Twilight** *au Comic-Con International de 2009, à San Diego, en Californie.*

International de 2008 à San Diego (salon annuel de la culture populaire américaine), lorsque le trio Kristen Stewart (Bella Swan), Robert Pattinson (Edward Cullen) et Taylor Lautner (Jacob Black) est monté sur scène. Au niveau du stand Summit Entertainment, qui présentait le film *Twilight*, « c'était l'hystérie », s'esclaffe Wyck Godfrey.

FASCINATION EST UN ROMAN TRÈS SPÉCIAL ET PROFONDÉMENT INTIME POUR LES FANS.

« Le vacarme que faisaient les fans noyait tout le reste. Un de mes amis réalisateur était en train de faire une présentation dans un autre auditorium et a été obligé de s'interrompre, car on ne l'entendait plus. C'est là qu'est apparue la puissance que la saga avait prise dans la conscience du public. »

D'autres événements ont jalonné la période précédant la sortie du film et ravivé l'attente du public. Stephenie Meyer publiait son premier roman pour adultes, *Les Âmes vagabondes*, redorant encore un peu plus son blason littéraire. Enfin, le quatrième et dernier tome de la saga tombait en fanfare dans les bacs des libraires un soir d'été 2008, à minuit. La convergence de ces facteurs inédits brouillait les cartes habituelles, rendant difficile la lecture anticipée des résultats du box-office. « Jusqu'à la sortie du film, les indices de fréquentation grimpaient tous les mois,

se remémore Wyck Godfrey. Les pronostics se sont emballés : on visait une recette de trente millions de dollars d'entrées le week-end, puis quarante à cinquante millions, pour finir le vendredi suivant (Dieu du ciel !) à soixante-dix millions. » Apparemment la plus grosse sortie jamais réalisée par une femme réalisatrice, le film était bien parti pour faire exploser le box-office avec une recette de plus de 380 millions de dollars. En une nuit, Kristen Stewart, Robert Pattinson et les autres acteurs sont passés au rang de stars, faisant la une des magazines et devenant la coqueluche des photographes. Leurs apparitions publiques tournaient à l'émeute et les questions sur la suite du tournage (l'acteur Taylor Lautner serait-il encore là sur le film suivant ?) allaient bon train sur Internet et les sites de fans.

Dès la sortie du film, les inconditionnels réclamaient à grands cris *Tentation* sur grand écran. Le studio avait largement anticipé leurs souhaits : alors que Catherine Hardwicke était encore en postproduction, Melissa Rosenberg, déjà scénariste de *Twilight*, s'était vu confier l'écriture du deuxième script. Les excellents résultats au box-office ont poussé la production à donner le feu vert à *Tentation* «le jour suivant la sortie de *Twilight*», confie Erik Feig, président production et acquisitions chez Summit Entertainment.

«Au départ, en tournant *Twilight*, notre souci était de faire un film qui ressemblerait à ce que les millions de lecteurs avaient imaginé, explique Erik Feig. Les gens ont accepté notre film en tant que tel, et non comme substitut du livre ; ils ont adopté notre version d'Edward et de Bella, autant que l'Edward et la Bella dont ils avaient rêvé. *Twilight* devait transmettre l'idée de l'amour au premier regard et Catherine a très bien réussi ce pari. Pour *Tentation*, la problématique était différente : comment traduire le sentiment d'abandon et de déchirement? Il s'agit d'une expérience émotionnelle intérieure, parfaite pour une œuvre littéraire, mais difficile à rendre à l'écran. En plus, nous devions désormais répondre à deux attentes : le film devait correspondre à ce que les lecteurs du deuxième opus de la saga avaient à l'esprit, mais également renouer avec l'expérience visuelle, intense et romantique du premier film.»

> « POUR *TENTATION*, LA PROBLÉMATIQUE ÉTAIT : COMMENT TRADUIRE LE SENTIMENT D'ABANDON ET DE DÉCHIREMENT ? »

Nouvelle Lune

Kristen Stewart dans le rôle de Bella Swan.

Dans *Tentation*, le dix-huitième anniversaire de Bella Swan est célébré en grande pompe dans la maison du Dr Carlisle Cullen et de sa famille. Pour Bella, qui refuse de fêter son anniversaire, il s'agit davantage de son entrée par la grande porte dans ce tout nouveau monde, un beau chapitre de son histoire d'amour. Mais il suffit d'une petite coupure sur un bout de papier et d'une goutte de sang qui perle sur son doigt pour réveiller la soif de sang des vampires assemblés. Plus tard, Edward retrouve Bella dans la maison qu'elle partage avec Charlie, son père, et l'emmène se promener dans les bois pour lui annoncer que le clan Cullen quitte Forks. Le moment est venu,

ils ne peuvent s'attarder plus longtemps dans cette petite ville sans jamais vieillir, risquant de dévoiler au grand jour leur secret. « Pas d'acte téméraire ou stupide », ordonne-t-il à Bella dans le roman, lui intimant de prendre soin de son père. « En échange, je vais te faire une promesse. Je te jure que tu ne me reverras plus jamais. Je ne reviendrai pas. Je ne t'entraînerai plus dans ce genre d'épreuves. Vis ta vie, je ne m'en mêlerai plus. Ce sera comme si je n'avais jamais existé. [...] Vous autres humains avez la mémoire courte. Le temps guérit les blessures de ceux qui appartiennent à votre espèce [4]. » Et puis, avec un simple « Adieu, Bella », un baiser furtif sur le front et un souffle de vent, il disparaît.

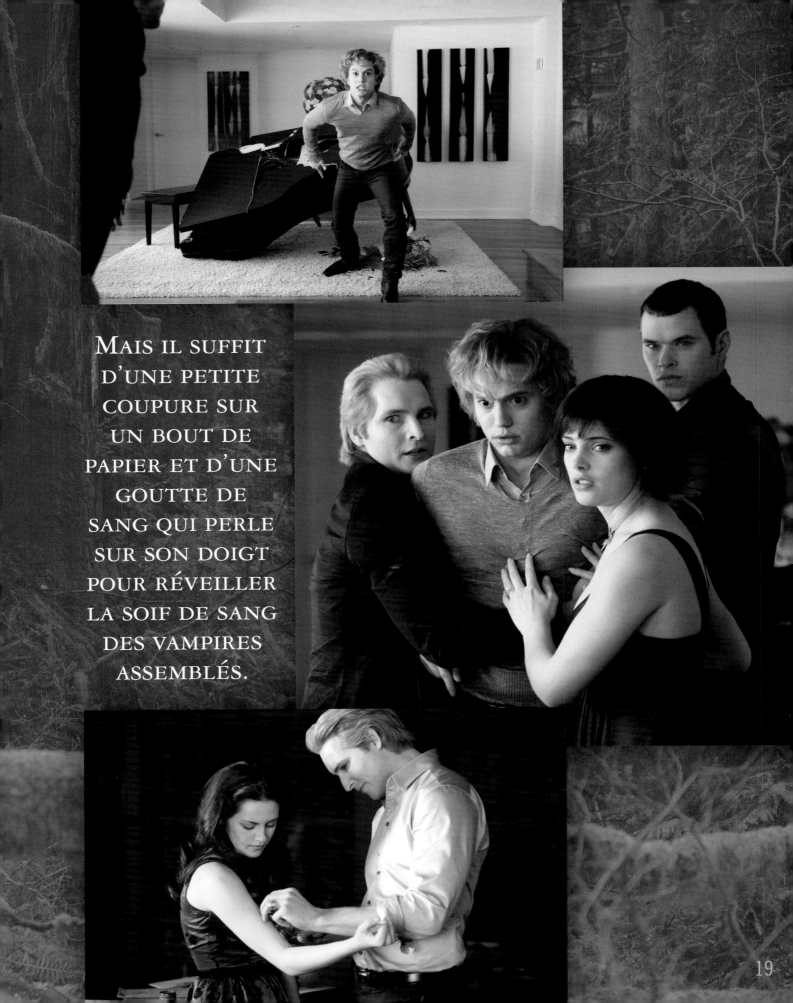

MAIS IL SUFFIT D'UNE PETITE COUPURE SUR UN BOUT DE PAPIER ET D'UNE GOUTTE DE SANG QUI PERLE SUR SON DOIGT POUR RÉVEILLER LA SOIF DE SANG DES VAMPIRES ASSEMBLÉS.

Gillian Bohrer, la responsable développement, a joué un rôle prépondérant au sein de l'équipe impliquée dans la partie créative de la réalisation du film (depuis l'étude du script jusqu'à la sélection du réalisateur et des acteurs). Elle se rappelle clairement du jour où elle a pris conscience à la fois du phénomène Stephenie Meyer et de l'esprit de *Tentation*. À l'automne 2007, peu après que Summit Entertainment ait acquis les droits du roman *Fascination*, Gillian Bohrer et Catherine Hardwicke sont allées rencontrer Stephenie Meyer dans une librairie de Pasadena, en Californie. L'écrivain était en tournée promotionnelle pour le troisième volume de la saga, *Hésitation*.

« Stephenie s'est adressée à 1 400 fans, se rappelle Gillian Bohrer. Seulement quelques centaines d'entre eux avaient pu se frayer un chemin à l'intérieur, tandis que les autres étaient agglutinés autour du magasin. C'était avant que la saga *Twilight* ne prenne une telle ampleur et ne devienne un véritable phénomène populaire. Ce jour-là, Stephenie a fait cette remarque : "La plupart des jeunes filles n'ont été amoureuses qu'une fois, dans le meilleur des cas, et elles sont persuadées que, dans le monde, une personne

« J'étais en train de tourner la scène de rupture avec Bella, cette scène très importante et très traumatisante, et tout à coup, on a été littéralement envahis de moustiques. Il y en avait partout ! Et des géants ! J'en avais sur le bout du nez et je ne pouvais rien faire ! Ils n'ont pas arrêté de faire des piqués sur nous toute la nuit. Donc, on ne peut pas dire que ce soit mon meilleur souvenir de tournage, mais ça a quand même été une bonne rigolade ! »

— ROBERT PATTINSON

unique leur est destinée. L'idée que vous pouvez aimer plusieurs personnes dans votre vie et qu'il peut y avoir différentes sortes d'amour est difficile à concevoir. *Tentation* parle de ça, du premier chagrin d'amour et du travail de deuil." »

Le film lui aussi se caractérisait par de nouveaux départs. Seuls les producteurs et la scénariste Melissa Rosenberg ont joué les prolongations après le premier film et toute une nouvelle équipe de production a été mise en place. Une période d'incertitude, certes brève mais très agitée, a suivi la fin du tournage de *Twilight*, les fans (les « Twilighteurs ») se demandant si Catherine Hardwicke reprendrait le flambeau pour la suite. La réponse officielle début décembre, négative, est vite venue couper court à toute spéculation. L'un des points de friction était que la réalisatrice voulait s'investir davantage

dans le scénario. Or, du point de vue du studio, le temps était un luxe qu'on ne pouvait pas se permettre. « Catherine s'était impliquée à plein temps, sept jours sur sept et vingt-quatre heures sur vingt-quatre, pour que le film sorte à temps dans les salles, puis dans la campagne promotionnelle, indique Wick Godfrey, et il était évident pour le studio et nous-mêmes que *Tentation* devait sortir autour du 20 novembre 2009. C'était un impératif. Les fans comptaient dessus ! »

« Développer un film consiste à savoir comment le mettre sur pied, ajoute Gillian Bohrer. Quand vous fabriquez un film, il faut que vous soyez sûr d'avoir la matière première, et Catherine nous a laissé de superbes fondations. Nous avons les magnifiques acteurs qu'elle a choisis. Elle a été un maillon indispensable de la chaîne du succès. »

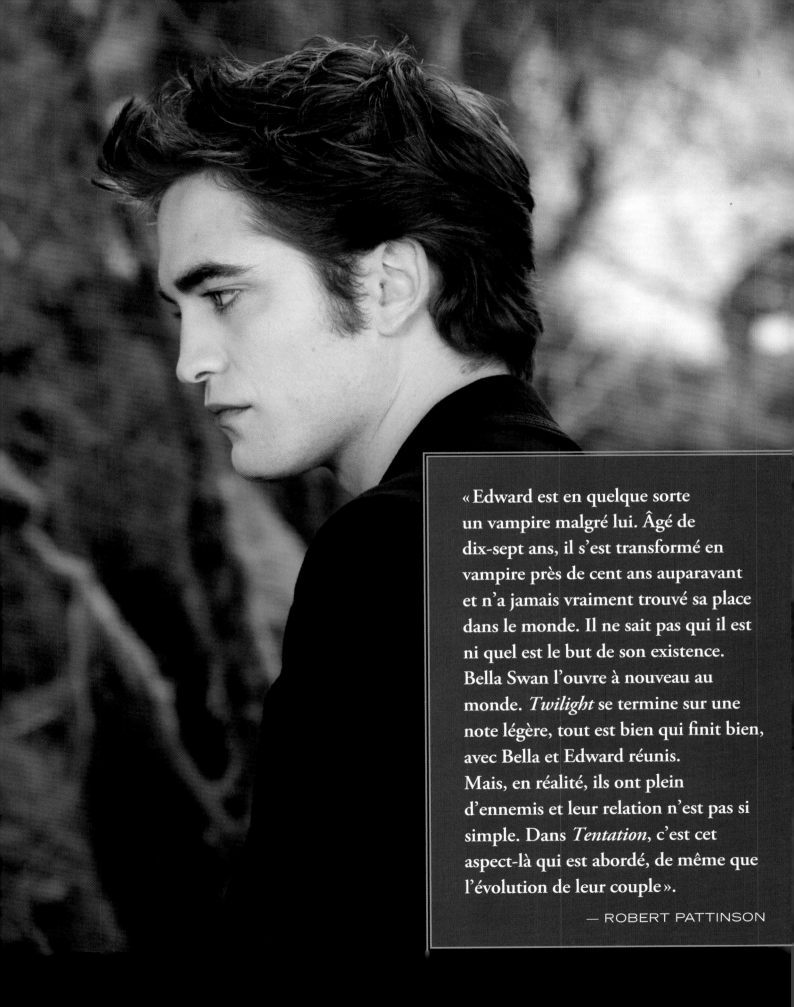

« Edward est en quelque sorte un vampire malgré lui. Âgé de dix-sept ans, il s'est transformé en vampire près de cent ans auparavant et n'a jamais vraiment trouvé sa place dans le monde. Il ne sait pas qui il est ni quel est le but de son existence. Bella Swan l'ouvre à nouveau au monde. *Twilight* se termine sur une note légère, tout est bien qui finit bien, avec Bella et Edward réunis. Mais, en réalité, ils ont plein d'ennemis et leur relation n'est pas si simple. Dans *Tentation*, c'est cet aspect-là qui est abordé, de même que l'évolution de leur couple ».

— ROBERT PATTINSON

La production attendait beaucoup de l'adaptation de *Tentation*. Dans l'histoire, une grande place est donnée à Jacob Black, le jeune Quileute qui aide Bella à combler petit à petit l'immense vide affectif laissé par le départ d'Edward et qui se révèle également être l'un des loups-garous. Bella est poursuivie par les méchants vampires de *Twilight*, Laurent et Victoria, en quête de revanche, et elle finit par se précipiter en Italie pour sauver Edward et rencontrer les Volturi, une vieille dynastie secrète de vampires régnant sur le monde souterrain des buveurs de sang. Pendant leur séparation, Bella entend la voix d'Edward dans sa tête dès qu'elle est en danger, mais dans le film, Edward se manifeste visuellement (les « apparitions »).

Toutes ces intrigues et tous ces rebondissements allaient nécessiter des tonnes d'effets spéciaux, visuels et graphiques, et un lourd travail d'infographie et

de numérisation d'images. Comme dans le premier film, le tournage s'effectuerait dans de vrais décors, cette fois-ci à Vancouver, au Canada, et dans la ville toscane de Montepulciano, en Italie. Cette dernière remplacerait Volterra, ancienne cité fortifiée dont Stephenie Meyer avait fait le lieu de résidence des sinistres Volturi.

Il est vrai qu'on aurait pu recréer ces sites et utiliser des « fonds verts » (comme dans les films stylisés du type *Sin City* ou *300*), mais le mot d'ordre sur *Tentation* était de coller au plus près à la réalité. « L'un des aspects les plus appréciés des romans de Stephenie est son réalisme, note Wyck Godfrey. Il y a des vampires, d'accord, mais ils vont au lycée ! Alors, tourner *Tentation* de la même façon que *300* ne rimerait rien à pour ses fans. On ne voulait pas reconstituer un bout d'Italie en studio, mais retrouver en vrai la grande place qui est décrite dans le roman. Une reconstitution n'aurait pas transmis le même sentiment de réalité, ni donné

« Tourner dans une saga comme *Twilight* est une opportunité qu'on n'a qu'une fois dans sa vie et j'ai la chance d'y participer. Pendant le tournage du premier film, on n'imaginait pas du tout ce qui allait se passer. On se disait : "Ça va être un film sympa, pourvu que ça plaise au public." Le succès du film a été complètement fou et totalement inattendu. Je crois qu'aucun d'entre nous ne l'a vu venir, alors passer de la fin du tournage de *Twilight* à celui de *Tentation*, qui est assez différent, c'est comme d'être embarqué sur un grand 8. Maintenant, on sent (en tous cas, moi) un peu plus de pression. On se dit : "Ouh la la, on est en train de créer un phénomène. Les fans comptent sur nous. Ils disent : 'Vous avez fait quelque chose de bien avec *Twilight*, il faut que vous fassiez encore mieux avec *Tentation*.' " »

au public l'impression d'être emmené dans un endroit où il n'avait jamais mis les pieds. » Étant donné les multiples impératifs de production (comédie dramatique, dimension psychologique des personnages et grand spectacle avec effets spéciaux), Summit Entertainment a choisi de s'adresser au réalisateur Chris Weitz, qui avait montré les multiples facettes de son talent avec des films aussi différents que la comédie dramatique *Pour un garçon* (2002) ou le film fantastique *À la croisée des mondes* (2007), deux films sur lesquels il était à la fois scénariste et réalisateur. « Pour un film de cette envergure, le réalisateur doit être à l'aise avec les scènes d'action, les cascades et les effets spéciaux, mais il doit surtout être capable de comprendre l'histoire et l'émotion, explique Gillian Bohrer. Chris a tourné des comédies sentimentales et il sait également, sur un plan technique, comment utiliser les effets spéciaux, car il a réalisé *À la croisée des mondes*. En outre, c'est quelqu'un de très posé, déterminé et réfléchi. Il s'est retrouvé parachuté sur le film quasiment du jour au lendemain et je ne l'ai pas entendu une seule fois élever la voix, malgré les tonnes de problèmes qui lui sont tombés dessus ; il a simplement pris la situation à bras le corps. »

« Erik Feig et moi-même connaissions déjà Chris Weitz et nous sentions à l'aise avec lui, ajoute Wyck Godfrey. C'est un scénariste et un réalisateur qui comprend les personnages et a déjà adapté des romans, donc rester fidèle à l'esprit d'un livre ne lui pose aucun problème, c'est dans ses gènes ! En outre, nous savions qu'il était capable de gérer un film de cette taille avec des effets visuels, puisqu'il l'avait prouvé avec *À la croisée des mondes*. »

Outre Chris Weitz, l'équipe de production intègre le chef décorateur David Brisbin et la directrice artistique Catherine Ircha, qui avaient

> « C'EST UN SCÉNARISTE ET RÉALISATEUR QUI COMPREND LES PERSONNAGES ET A DÉJÀ ADAPTÉ DES ROMANS, DONC RESTER FIDÈLE À L'ESPRIT D'UN LIVRE NE LUI POSE AUCUN PROBLÈME, C'EST DANS SES GÈNES ! »

déjà collaboré sur *Le jour où la Terre s'arrêta*, en 2008. Le directeur de la photographie Javier Aguirresarobe venait de travailler sur l'adaptation d'une œuvre littéraire, *La Route*, de Cormac McCarthy. Chris Weitz a également emmené dans l'aventure le monteur Peter Lambert, qui avait principalement travaillé sur des films britanniques indépendants.

Quant à la créatrice des costumes Tish Monaghan, la chef maquilleuse Norma Hill-Patton et le styliste coiffure Thom McIntyre, leur mission consiste à aider les acteurs à entrer dans la peau de leurs personnages. Susan MacLeod, responsable des effets visuels et productrice, a relevé l'immense défi que représentaient les effets visuels (loups-garous et leur transformation, action des vampires et leur apparence, et autres artifices magiques). Ayant déjà travaillé avec Chris Weitz comme

« Le contexte de *Tentation* est différent de celui de *Twilight*, qui est un film plus intimiste. L'envergure et l'échelle sont nettement plus grandes et Chris Weitz rêvait d'un film dans la lignée de *Barry Lyndon* ou *Docteur Jivago*. Comme Edward s'en va et que nous pénétrons dans le monde de Jacob, il ne voulait plus de l'ambiance froide, dans les tons de bleus, qui avait prédominé dans *Twilight*. Le côté "glacé" d'Edward est remplacé par la chaleur de Jacob. Nous nous sommes attachés à montrer le désespoir de Bella, abandonnée par Edward, ce vide émotionnel, et sa renaissance grâce à sa relation avec Jacob, qui, dans une certaine mesure, la ramène dans le monde des humains. »

— WYCK GODFREY

productrice des effets visuels sur *À la croisée des mondes*, elle fit appel à Tippett Studio, agence spécialisée en effets visuels et en création de monstres, pour créer les loups numérisés, et confia à Prime Focus de Vancouver le soin de s'occuper des vampires et des effets censément « invisibles ».

Comme pour le premier film, Stephenie Meyer serait impliquée dans tout le processus créatif, son expertise s'exerçant à tous les niveaux, depuis le scénario jusqu'au travail des effets visuels en postproduction. Dès le départ, les maîtres mots ont été « un planning agressif ». Pour arriver à tenir la date de sortie prévue au 18 novembre 2009, le tournage s'est déroulé à Vancouver du 23 mars au 21 mai 2009, avant de se poursuivre en Italie du 25 au 30 mai. Début décembre 2008, dès l'annonce que Catherine Hardwicke ne réaliserait pas la suite, Erik Feig, le président de Summit Entertainment, aurait déclaré : « Nous sommes en mesure de suivre un planning très serré, puisqu'il s'agit de l'adaptation d'un roman. Ce n'est pas comme si nous avions créé le scénario de A à Z[5]. »

Alors que *Twilight* passait à peine en postproduction, Melissa Rosenberg s'attelait déjà au scénario de *Tentation*. Avant même la sortie du premier film sur grand écran, elle avait livré une première épreuve.

Son marathon d'écriture s'est déroulé de juin à octobre 2008, période pendant laquelle elle travaillait toute la semaine comme producteur délégué et scénariste principale de la série *Dexter*, et réservait ses week-ends à *Tentation*.

« Je m'installais à mon ordinateur à dix heures du matin et j'y restais collée jusqu'à six heures du soir, se souvient-elle. Je travaillais chez moi en regardant les arbres par la fenêtre, mon chien à mes pieds, et mon mari m'apportait de quoi grignoter dans la journée. Je tapais au kilomètre sans m'arrêter, de façon très concentrée. J'ai commencé par un synopsis de 25 pages très condensé, et ça, c'était vraiment difficile. Le synopsis, c'est là que vous donnez la trame de l'histoire et la structure de chaque personnage. »

La dynamique de création avait évolué depuis que Melissa Rosenberg avait écrit le scénario de *Twilight*. Non seulement la saga était devenue extrêmement populaire, mais les personnages avaient à présent un visage, avec les acteurs qui leur avaient insufflé la vie. « Pour *Twilight,* j'essayais d'éviter de penser aux milliers de fans, mais pour *Tentation*, ce n'était plus possible, explique la scénariste. Eux, ils ont adoré les romans, alors si vous arrivez à les faire rêver de la même façon avec les films, c'est gagné. Sur une saga comme celle-ci, c'est comme si vous

DANS CETTE SAGA, LES ÉLÉMENTS D'HORREUR SONT COMME LA CERISE "ENSANGLANTÉE" SUR LE GÂTEAU. »

écriviez pour une série télé, avec *Twilight* comme pilote, qui a donné le ton et a été une découverte pour tout le monde. Mais maintenant vous connaissez les acteurs, la langue, le ton et l'action. »

Bien que chaque adaptation repose sur un matériau existant, Melissa Rosenberg ne tarit pas d'éloges sur la richesse à sa disposition quand elle travaille sur l'œuvre de Stephenie Meyer. « De nombreux adaptateurs de romans ont moins de matière à exploiter. Stephenie Meyer a créé une mythologie très riche. Toutefois, vous ne pouvez pas convertir directement un livre en film, vous devez arriver à sa substantifique moelle, et capturer la tonalité et les moments principaux qui vont permettre de raconter les personnages avec leur parcours émotionnel. C'est ce qui vous fait vibrer. Ce qui est super, c'est que Stephenie a écrit l'évolution émotionnelle de ses personnages. Et dans cette saga, les éléments d'horreur sont comme la cerise "ensanglantée" sur le gâteau. C'est amusant d'écrire toutes ces choses sombres et fantastiques, mais ce qui les rend crédibles, c'est la sensibilité des personnages et leur authenticité. »

Melissa Rosenberg est restée en contact permanent avec Stephenie Meyer pendant l'écriture du scénario de *Tentation*. Elle reconnaît qu'au départ, elles étaient toutes les deux un peu

« Il y a des millions de choses à faire sur un film, mais pour moi, rien n'est possible sans le script, c'est vraiment l'élément essentiel. »

— GILLIAN BOHRER

*Bella (Kristen Stewart)
rêve d'elle-même
en vieille femme.*

sur la défensive (Stephenie voulait protéger son « bébé », et Melissa son propre processus créatif), mais elles ont vite trouvé un terrain d'entente et ont entretenu une étroite collaboration. « Stephenie a toute la mythologie de l'histoire dans la tête, souligne Melissa Rosenberg. On n'arrêtait pas d'échanger des e-mails, sur des questions de détails ou de contexte. »

L'une des quelques scènes transposées quasi directement du roman au scénario est celle du rêve de Bella, au début du livre, où elle voit Edward, « d'une beauté fracassante, figé pour l'éternité dans ses dix-sept ans[6] », comme l'écrit Stephenie, alors qu'elle-même est devenue une vieille femme. Dans ce cas, il suffisait d'« épurer », selon la scénariste. En revanche, pour le passage à l'écran des hallucinations auditives de Bella, qui entend la voix d'Edward résonner dans sa tête, elle a décidé de les transcrire en hallucinations visuelles. La première « apparition » renforcerait visuellement et émotionnellement l'un des points forts de

l'histoire. Dans le roman, Bella entend la voix d'Edward la mettre en garde lors d'une nuit dans la ville de Port Angeles, alors qu'elle est observée par quatre hommes (écho d'une autre nuit à Port Angeles dans *Fascination*, où elle se fait agresser par quatre hommes). Dans le scénario, Melissa Rosenberg représente ces hommes avec des motos.

« C'est la première manifestation de l'apparition d'Edward en tant que protecteur, et pour des raisons cinématographiques, ce moment devait être significatif. Il ne fallait pas que Bella soit juste en train de marcher devant ces gars, il fallait qu'elle fasse quelque chose de dangereux, explique Melissa. J'ai ajouté les motos, parce qu'elle fait la téméraire en grimpant dessus, mais aussi parce que la moto devient un enjeu important dans sa relation avec Jacob. Ça fonctionne vraiment bien, car elle garde les motos de Port Angeles à l'esprit, puisque c'est justement cette situation qui a provoqué l'apparition d'Edward. Il s'agit d'un leitmotiv visuel. »

Une nuit, à Port Angeles, Bella décide faire preuve de « témérité et de stupidité ».

Pendant tout son travail d'écriture, Melissa Rosenberg est restée en liaison étroite avec l'équipe de création de Summit Entertainment, y compris son président de production et acquisitions Erik Feig et la responsable du développement Gillian Bohrer, ainsi qu'avec les producteurs Karen Rosenfelt et Wyck Godfrey. Melissa Rosenberg, dont les quatre scénarios de cinéma (y compris *Hésitation*, à venir) ont tous été produits chez Summit Entertainment, souligne sa bonne fortune, plutôt rare à Hollywood : « Summit fabrique ce qu'il développe, déclare-t-elle. J'ai des collègues qui travaillent pour de plus gros studios, et c'est un vrai cauchemar. Ces derniers se lancent dans des développements à répétition et multiplient les scénaristes. Ils en embauchent un pour écrire le rôle masculin ou le rôle féminin, un autre pour les passages comiques, etc. Moi, en tant que scénariste, je peux tout faire : écrire de la comédie, écrire du drame, autrement dit, raconter une histoire. Je crois que plus il y a de scénaristes et plus on perd le fil narratif. C'est la raison pour laquelle on est si fort à la télévision, car les scénaristes en sont les rois et les reines : les animateurs de show et les scénaristes racontent l'histoire. »

« Je considère le scénariste comme un architecte et le scénario comme un plan d'architecte, conclut Melissa. Vous dessinez chaque millimètre, vous situez les pièces et l'ambiance, puis vous embauchez les concepteurs et les constructeurs qui vont édifier la maison. N'importe quel réalisateur vous le dira, on ne peut pas faire de film sans script. Il y a un vieux dicton qui dit que vous pouvez faire un mauvais film à partir d'un bon script, mais que vous ne pouvez pas faire un bon film à partir d'un mauvais script. C'est moi qui pose le premier jalon, puis je passe la main au réalisateur, au chef décorateur, au directeur de la photographie : tout le monde apporte sa pierre à l'édifice. »

Quelques épreuves plus tard, fin 2008, le script de *Tentation* est accepté. Dès janvier 2009, la course à la production démarre.

Chris Weitz a commencé l'année 2009 en lisant *Tentation*, puis a été emporté dans un tourbillon de folie. « En fait, comme je n'avais pas lu la saga *Twilight*, j'ai profité des vacances de Noël pour lire *Tentation*, et j'ai fait comme tout le monde… Je l'ai dévoré d'une seule traite, en un jour et demi ! Tout de suite après, je m'envolais pour Vancouver avec ma famille. C'était précipité, mais dans le bon sens du terme. J'avais environ huit semaines de préparation, délai normal pour un film classique avec des êtres humains normaux.

« Depuis *Twilight*, Jacob a évolué physiquement, mais il s'est aussi transformé sur le plan émotionnel. Il a donc fallu que j'étudie le livre et que je me prépare mentalement pour son état émotionnel, en plus de son physique. Jacob a attendu ce moment où Bella se retrouve seule, sans Edward. Il se dit : "Cool, c'est à moi, maintenant !" [Rires.] »

— TAYLOR LAUTNER

Mais pour un film présentant une telle complexité, avec des effets visuels et des décors particuliers, c'était plutôt juste! Mais on s'est débrouillés. Il y avait autour de 450 effets visuels, soit moins que dans mon film précédent, *À la croisée des mondes*, mais ça n'allait pas se faire en claquant des doigts. »

Chris Weitz reconnaît que la production lui a laissé pratiquement carte blanche. «La photo de Javier Aguirresarobe est extrêmement belle, et c'est en plus quelqu'un d'extraordinairement humain, un vrai bonheur sur un plateau, où l'atmosphère est si importante. En outre, David Brisbin voulait que le film sonne juste et il a tout fait pour. »

L'une des grandes questions (vite résolue) de préproduction concernait l'identité de l'acteur qui jouerait le personnage de Jacob Black. Taylor Lautner avait été l'une des stars de *Twilight*, mais vu son physique plutôt fin, pourrait-il continuer à incarner le Jacob de *Tentation*, dont la carrure et la musculature augmentent soudainement avec son passage au statut de loup-garou ? «Pendant qu'on tournait *Twilight*, je savais comment mon personnage allait évoluer, donc j'étais conscient qu'il allait falloir que je change à plusieurs niveaux, affirme Taylor Lautner. Alors, dès la fin du tournage, j'ai commencé à faire de la musculation comme un fou et j'ai pris quinze kilos. Je m'entraînais une heure le matin et une heure et demie le soir. J'ai même été amené à modifier un peu mon programme parce que j'en faisais trop et que je commençais à maigrir. J'ai alors un peu réduit l'allure et j'ai repris du poids. C'était vraiment du boulot. » Le producteur Wyck Godfrey reconnaît que la morphologie de Taylor aurait effectivement pu constituer un problème, mais que changer de comédien n'était pas souhaitable. «Dans le livre, Jacob doit se transformer en loup-garou, et on s'est tout de suite dit que si visuellement l'acteur ne pouvait

pas traduire ce changement physique, nous serions coincés et devrions en trouver un autre. Mais, après la sortie de *Twilight*, Taylor est venu nous voir et nous a dit : "Regardez un peu ce que j'ai fait!" À son âge, le corps est très malléable si vous vous donnez la peine de le faire travailler et je ne peux que saluer la performance de Taylor. »

Tentation, comme n'importe quel film, devait donner une certaine idée de cohérence spatiale pour être crédible. Pour ce faire, il fallait prendre certaines décisions, tant au niveau de la lumière et des caméras que de la palette de couleur à adopter. Le principe directeur était le réalisme. «Qu'est-ce que la réalité dans une histoire de vampires et de loups-garous?», demandait de façon rhétorique le chef décorateur David Brisbin. «Chris nous a réellement ancrés dans la réalité, mais c'était également lui qui nous signalait que quelque chose devait être "réel de façon magique". Après, on n'avait plus qu'à choisir entre les différentes façons d'y parvenir. Si on avait besoin d'un fond vert, super! S'il fallait un décor en studio, pas de problème! Si le site choisi comme décor contribuait à l'effet, tant mieux! On ne travaillait pas dans une perspective rigide où x implique telle chose et y telle autre. Nous avions à nos côtés des producteurs qui nous épaulaient pour trouver la meilleure façon de raconter l'histoire. *Twilight* était essentiellement un film d'extérieur, celui-ci était plus hybride, avec un mélange de décors en studio et de décors naturels, et une forte composante d'infographie. Je crois que "donner l'impression de" est vraiment un concept-clé. On passe beaucoup de temps à essayer de prendre en compte les contraintes de temps, matérielles et budgétaires, et à tout faire coïncider. Il faut surtout faire preuve de ruse. Nous avions aux commandes une équipe très expérimentée, qui connaît beaucoup de trucs et d'astuces!»

« J'adore Taylor, c'est mon ami, et c'est vraiment très bizarre de parler de ses amis en interview. Franchement, je trouve que c'est lui, plus que quiconque, qui ressort le plus dans le film.
Ce qui est drôle, c'est qu'il est censé se transformer dans *Tentation*, et c'était super de voir qu'il l'a fait dans la vraie vie. Il est en train de devenir quelqu'un de vraiment bien, qui joue superbement.
Je suis tellement contente de pouvoir retrouver tous les jours sur le plateau quelqu'un en qui je peux avoir une entière confiance ! »

— KRISTEN STEWART

Chris Weitz dirige Kristen Stewart et Taylor Lautner dans une scène entre Bella et Jacob.

33

Lune perdue

Kristen Stewart dans le rôle de Bella Swan.

Retrouver l'univers de Bella présentait le défi propre à toute suite : replonger dans un monde familier, mais différent. Pour *Tentation*, le réalisateur Chris Weitz a imaginé une palette de couleur chaude. Il a puisé son inspiration chez les préraphaélites, sept peintres et artistes anglais qui avaient fondé en 1848 une communauté artistique autour d'un rêve commun[7]. «Chris Weitz est l'un des réalisateurs doué du sens esthétique le plus développé avec lequel il m'ait été donné de travailler. C'est un passionné, qui a une grande connaissance de l'histoire de l'art, affirme David Brisbin. Il avait des idées très précises sur la couleur, le rendu visuel et l'atmosphère. Nous nous sommes éloignés des couleurs de *Twilight*, parce que nous abordions une autre phase de l'histoire et qu'il nous paraissait juste de le signaler visuellement. Pour l'ambiance générale du film, il nous a orientés vers les peintres de l'ère victorienne, notamment les préraphaélites et les œuvres de Dante Gabriel Rossetti et Edward Burne-Jones.»

«Le premier film de la saga introduit une couleur, ajoute le directeur de la photographie Javier Aguirresarobe. Dans ce deuxième film, nous avons voulu rompre avec la tonalité bleutée. Comme Chris Weitz souhaitait travailler sur une autre esthétique, nous sommes arrivés à une ambiance dorée, qui devait servir de fil conducteur à toute l'équipe. Nous avons suivi l'esprit des peintures italiennes et notre palette de couleur (doré, orange, jaune-vert et tons neutres, gris et noir) a servi de base à notre collaboration inter-départements, depuis les décors et les costumes jusque, bien sûr, à la photographie. C'est un film d'aspect plus chaleureux, avec un langage se rapprochant du romantisme.» Les peintres préraphaélites

eux-mêmes étaient doués d'une aura romantique et avaient une conception romantique de la vie, qui correspond bien au terrain émotionnel des romans de Stephenie Meyer. «Peintres anglais victoriens, ils prenaient pour modèle la peinture italienne de la Renaissance en matière de symboles, de couleur et de disposition, explique Chris Weitz. Leurs œuvres présentent des teintes

raffinées comme en voit dans les peintures de la Renaissance, mais eux-mêmes portaient un regard sentimental sur le passé. La période victorienne elle-même était romanesque et sentimentale, d'une façon très similaire aux romans de Stephenie Meyer. La palette de couleur adoptée a rendu les images plus nettes. Nous recherchions vraiment une large gamme de couleur et des noirs très foncés, une couleur très saturée, qui nous éloigne de la tendance actuelle à la désaturation. En termes de peinture, cette technique correspondrait à la pose d'un vernis. D'une certaine façon, il s'agit d'un film à l'ancienne. Notre réflexion nous a incités à utiliser des couleurs spécifiques à certains moments de l'histoire. Par exemple, même si la maison

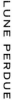

de Jacob est rouge et que le lit de Bella est recouvert d'une couverture rouge, cette couleur n'est pas dominante jusqu'à la scène du festival sur la place de Montepulciano. Et là, la place se transforme progressivement en une flaque rouge. Voilà jusqu'où nous avons poussé le raffinement visuel. »

Le caractère « à l'ancienne » se retrouve dans le choix de caméras traditionnelles plutôt que de caméras numériques. L'arsenal de Javier Aguirresarobe se composait de deux caméras principales Panavision, d'une caméra ultrarapide Arri 435 capable de tourner 150 images par seconde, d'une Steadicam manipulée par David Crone (qualifié par Weitz de « l'un des meilleurs opérateurs de prises de vue Steadicam au monde ») et de caméras VistaVision pour les plans d'effets visuels. Comme pour les couleurs, certaines caméras et certains montages de prises de vues étaient choisis pour souligner des aspects de l'histoire en particulier.

« J'ai décidé assez tôt que je voulais des mouvements de caméra différents selon le type de relation qui se déroulait à l'écran, explique Chris Weitz. Ainsi, quand Bella se trouve avec Edward, la caméra se déplace sur un chariot travelling, de façon très linéaire, sur un axe x-y-z très rigide, car leur relation est basée sur les contraintes et les restrictions. En revanche, quand elle est avec Jacob, nous avons utilisé une Steadicam, qui est fluide et naturelle, et quand elle est avec ses camarades de lycée, la caméra est plutôt portée, ce qui permet une sorte de langage visuel familier. En outre, Javier adore filmer au téléobjectif, ce qui donne de magnifiques portraits avec des arrière-plans plus doux, transmettant l'intégralité de l'espace, de sorte que le spectateur voit tout. »

Le réalisateur Chris Weitz (à gauche) avec le directeur de la photographie Javier Aguirresarobe.

« Je me rappelle, comme si c'était hier, des projections auxquelles j'assistais en Espagne, à Eibar, ma ville natale. Il s'agissait le plus souvent de films de pirates et d'aventures en Technicolor qui me fascinaient littéralement. À la première occasion, je suis parti pour Madrid, où j'ai étudié le cinéma dès que j'en ai eu l'âge. Certains directeurs de la photographie ont été, et restent pour moi des maîtres. Mais un jour vient où trouver son propre chemin est plus intéressant. Il faut savoir oublier les modes et se dépouiller de tout style. J'aime m'immerger dans l'histoire et me laisser porter par elle. »

—JAVIER AGUIRRESAROBE

*L'opérateur de prises de vue
David Crone et le réalisateur Chris Weitz.*

La palette de couleur, la lumière et le travail de la caméra étaient conçus pour apporter un impact émotionnel. « On voulait tout faire pour réussir à transmettre la grande charge émotionnelle de l'histoire entre Bella, Edward et Jacob, confirme David Brisbin. On voulait aller à l'intérieur de leur processus psychologique et de leurs pensées, tout ce qui apparaît dans le livre, et aussi tout ce que déduisent les mordus de la saga, qui vivent littéralement l'histoire. Nous voulions intégrer tout ça dans un maillage psychologique très serré. Chris ne nous laissait pas perdre cette idée de vue. »

« Mais il faut que je revienne sur les Twilighteurs, ajoute David Brisbin. Ça fait plus de vingt ans que je suis chef décorateur et c'est la première fois que j'ai affaire à une population de fans qui s'exprime et s'implique dans la réalisation d'un film en cours de tournage. C'était une nouveauté pour moi. C'était une sensation très intéressante et chaleureuse. J'avais presque l'impression de travailler au théâtre : on pouvait sentir la proximité du public d'une façon vraiment intense. J'en ai éprouvé beaucoup de plaisir. »

Outre leur recherche esthétique, le trio réalisateur, chef décorateur et directeur de la photographie voulait rester en harmonie avec les décors de Portland, élevés au rang d'icônes. Un autre principe directeur était de suivre la vision et les indices visuels livrés par les romans. « Au cours de ma lecture du livre et du scénario, j'avais quelques réserves sur les indices visuels du texte, précise David Brisbin. Je dois toutefois reconnaître que ces indices ont constitué des points de départ très utiles. Ce qui est intéressant, c'est que petit à petit, avec tous ces fans qui nous écrivaient ce qu'ils pensaient, nous nous sommes rendus compte du niveau approfondi et intense de leur lecture : pour eux, il était important qu'une certaine couleur apparaisse à tel moment. C'est donc devenu un courant de force visuelle qui partait de l'écriture de Stephenie, passait par le scénario et parvenait jusqu'au réalisateur. »

« J'AVAIS PRESQUE L'IMPRESSION DE TRAVAILLER AU THÉÂTRE : ON POUVAIT SENTIR LA PROXIMITÉ DU PUBLIC D'UNE FAÇON VRAIMENT INTENSE. J'EN AI ÉPROUVÉ BEAUCOUP DE PLAISIR. »

« UN PLATEAU DE CINÉMA, ÇA N'A RIEN DE GLAMOUR ! VOUS TRAVAILLEZ QUATORZE HEURES PAR JOUR, VOUS AVEZ MAL AUX PIEDS ET VOUS PATAUGEZ DANS LA BOUE... MAIS LES GENS DE LA PRODUCTION EXÉCUTIVE VOUS DIRONT QU'ILS FONT CE MÉTIER CAR ILS L'ADORENT. »

Andi Isaacs, vice-présidente exécutive et directrice de production chez Summit Entertainment pour tous les films, a grimpé tous les échelons de la profession. Elle a commencé tout en bas de l'échelle en 1990, sur le tournage du film polémique *Le Bûcher des vanités*, basé sur le roman de Tom Wolfe (et une leçon de prudence en matière d'adaptation littéraire). « J'ai commencé comme bonne à tout faire, j'apportais le café. Le plus drôle, c'est qu'à l'époque, je disais : "Je ne peux pas travailler dans ce milieu, les gens sont fous !", raconte Andi Isaacs en riant. Il y a toujours une catastrophe en cours. J'ai vite appris la leçon. Un plateau de cinéma, ça n'a rien de glamour ! Vous travaillez quatorze heures par jour, vous avez mal aux pieds et vous pataugez dans la boue... Mais les gens de la production exécutive vous diront qu'ils font ce métier car ils l'adorent. »

« J'aimerais que faire des films soit aussi romantique que ce qu'on croit, confirme Chris Weitz. On ne compte pas les moments qu'on passe à attendre debout sous la pluie pour, de temps en temps, vivre un vrai moment d'épiphanie. Rien à voir avec un musicien qui vient jouer un concerto. Ce moment parfait est le résultat d'une myriade de petites décisions prises au cours des mois, qui peuvent aussi bien porter sur le travail au niveau de chaque réplique, l'animation choisie pour les loups-garous, le choix de la peinture dans la maison de Jacob, voire l'attention portée à chaque petit détail. »

L'univers de la production exécutive d'Andi Isaacs s'occupe de toutes les questions logistiques, administratives et financières touchant à la réalisation. Une fois que l'équipe de création a bouclé le scénario, son département s'en empare et établit une projection détaillée des coûts. Dès le passage en production de *Tentation*, les producteurs Wyck Godfrey et Karen Rosenfelt ont représenté Gillian Bohrer et toutes les questions de création, alors que l'interlocuteur principal d'Andi Isaacs était le producteur exécutif Bill Bannerman. Selon les termes de ce dernier, son équipe gère « le processus d'élaboration », c'est-à-dire qu'elle définit les coûts de chaque idée et réfléchit au moyen de sa concrétisation. En pratique, ses collaborateurs et lui-même ont été intimement impliqués dans les « milliers et milliers de petites décisions » nécessaires au bon déroulement du tournage.

Les premières décisions à prendre ont concerné le lieu de tournage du film et la façon de rester en harmonie avec les décors du premier film. Même si l'équipe avait adoré Portland, il s'est révélé plus pratique de localiser le gros du tournage à Vancouver, qui est devenu au fil des années la référence en la matière, avec une infrastructure et un personnel de pointe au service des équipes de production. D'ailleurs, Gillian Bohrer rappelle que Vancouver avait déjà été pressenti comme endroit de tournage potentiel pour *Twilight*, mais à l'époque le dollar américain avait chuté sous le dollar canadien, si bien

« Lorsque vous participez à un tournage spécial, ça se sent sur le plateau. On se trouve ici sur un film de vampire très subtil, sans dents pointues ni flots de sang. Il s'agit de créer un monde parallèle, un monde merveilleux, un monde romantique. Nous voulions tous faire un film dont nous serions fiers, qui ne soit pas qu'un simple succès financier, mais quelque chose qui marquerait les esprits. »

— ANDI ISAACS

que l'Oregon, qui a mis sur pied un programme d'incitation financière pour les réalisateurs, a pu récupérer le tournage de *Twilight*.

« Tourner à Vancouver a fait une sacrée différence au niveau du budget, ce qui nous a permis d'ajouter de la valeur de production, explique Andi Isaacs. Non seulement le cadre de travail était plus convivial, mais l'environnement géographique était également magnifique, avec ses forêts et son temps gris. En même temps, nous ne voulions pas tricher sur les décors vus dans *Twilight*. Par exemple, nous avons carrément reconstruit la maison de Bella du premier film, car nous savions que si nous tournions *Tentation* ailleurs, nos fans ne manqueraient pas de le noter : c'est le côté "magie du cinéma". Les avantages de se retrouver à Vancouver étaient si nombreux que ça valait le coup de recréer quelques décors. »

Il a fallu dénicher une réplique de la maison des Cullen, du lycée de Forks et même de

la clairière magique dans laquelle Bella voit pour la première fois Edward scintiller au soleil. Il a également fallu trouver de nouveaux lieux de tournage, comme la maison de Jacob. La production, en plus d'utiliser les installations de studios d'enregistrement, notamment pour un énorme décor reconstituant le grand hall de marbre des Volturi, a également fait appel au régisseur d'extérieurs Abraham Fraser, qui avait débuté sa carrière comme assistant de production sur le pilote de la série *X-Files, aux frontières du réel*, tournée à l'origine à Vancouver. Avec un délai de préparation particulièrement court avant le démarrage du tournage fin mars, Abraham Fraser et son équipe se sont attelés au travail dans la semaine du 20 décembre et ont passé la vitesse supérieure après les vacances. Début janvier, Abraham Fraser, Chris Weitz et David Brisbin sont partis repérer les sites de Portland pour lesquels trouver un équivalent à Vancouver. Toutefois, à leur retour, les conditions climatiques s'étaient nettement dégradées. « Après une neige drue, nous avons subi un brouillard épais, qui a rendu notre premier mois de repérage éprouvant, se souvient Abraham Fraser. J'ai dû faire une croix sur certains lieux, comme une route que j'avais repérée pour la route de Forks, car elle risquait de se trouver encore enfouie sous la neige. Du fait de notre calendrier de tournage, je n'étais pas sûr que la neige ait disparu le jour J. Nous avons fini par choisir une autre route, plus au sud, moins en altitude et sans neige. »

Malgré cette déception, d'autres lieux de tournage de rêve apparurent tout seuls après le déneigement ou la fonte des neiges, par exemple la clairière magique, qui devient dans *Tentation* un lieu de terreur pour Bella. « Je connaissais un endroit parfait pour la clairière, et bien qu'il soit encore légèrement enneigé, son potentiel était là, raconte Abraham Fraser. Le réalisateur l'a immédiatement adoré. »

Le département de repérage a fini son travail préparatoire fin février, mais est resté impliqué pendant le tournage. Il préparait les lieux en s'assurant que toutes les parties concernées (commissariats, voisinage) étaient prévenues qu'une équipe de tournage équipée de caméras et de camions allait débarquer, et il gérait tous les contrats et autorisations nécessaires. Une pincée de « magie du cinéma » a été nécessaire pour les extérieurs du lycée et pour la cafétéria. Pour les extérieurs, un parking a pu faire l'affaire, mais il a fallu recréer des escaliers. Un fond vert a été utilisé pour que l'on puisse rajouter plus tard l'image

De haut en bas : Chris Weitz et Kristen Stewart sur le plateau ; Christian Serratos dans le rôle d'Angela et Justin Chon dans celui d'Eric ; Edward et Bella en cours ; le décor de la cafétéria du lycée de Forks.

« Toute erreur peut coûter très cher. Si vous n'avez pas le papier administratif voulu ou si le contrat n'est pas assez précis et que vous n'avez aucun lieu de tournage pour le lendemain, vous êtes très mal… »

— ABRAHAM FRASER

du lycée d'origine. La cantine, bien qu'un peu différente, restait cohérente. « Nous voulions donner l'impression qu'on se trouvait dans la même école, mais nous ne pouvions pas montrer toute la salle, car elle n'était pas identique à celle de *Twilight*, souligne Abraham Fraser. Mais au moins, maintenant, nous savons où tourner les deux prochains films ! »

Alice (Ashley Greene) insiste pour organiser une fête pour l'anniversaire de Bella.

La première bande-annonce a donné aux Twilighteurs un aperçu du film *Tentation*, avec notamment des extraits de la scène de la fête d'anniversaire de Bella, évidemment tournée dans la nouvelle maison. « Il y avait ces plafonds très hauts et ce magnifique escalier qui donne l'impression de descendre dans un nouveau monde, raconte David Brisbin.

La résidence des Cullen était l'un des grands challenges, car celle de *Twilight* (baptisée la « maison Nike ») était une maison d'architecte vraiment unique. On a décidé de rechercher dans la région de Vancouver une maison dont l'intérieur rappellerait les hauts plafonds et les parois de verre de la première, et qui serait également située dans une forêt. « La demeure des Cullen utilisée pour *Twilight* était très particulière, et la seule façon de nous en sortir était de situer les pans de l'histoire de *Tentation* dans d'autres endroits de la maison, explique David Brisbin. Nous sommes partis en repérage, mais j'avais dans ma manche une botte secrète, avoue Abraham Fraser. Je connaissais une maison entourée d'arbres, avec beaucoup de fenêtres, de grands open-spaces et des lignes épurées… Ça pouvait coller. »

« C'était en tout cas suffisamment compatible avec la maison de Portland et j'espère que les fans n'y verront que du feu », ajoute David Brisbin.

Il fallait que l'espace soit assez inhabituel, car cette scène représente une étape importante dans la vie de Bella. Elle est littéralement happée par une dimension magique, grâce à la fête que toutes les jeunes filles rêveraient d'avoir à son âge. »

Chris Weitz fait écho à cette remarque sur une ambiance magique reposant sur la gamme de couleur chaude et romantique choisie par la production. « Pour l'anniversaire de Bella, nous voulions capter ce côté merveilleux : imaginez que vous ayez des amis adorables, riches et raffinés, qui organisent pour vous la plus belle fête d'anniversaire au monde. Nous souhaitions une atmosphère chaleureuse, avec un éclairage aux bougies, contrastant avec des lumières électriques ou au tungstène. »

« Je voulais un environnement particulièrement "chaud" pour cette séquence, ajoute Javier Aguirresarobe. Nous avons laissé de côté les tonalités bleues du premier film. Nous avions disposé des bougies partout, et j'ai simplement utilisé leur lumière. Nous voulions donner l'impression d'une famille ordinaire. L'éclairage apportait une note d'intimité, mais rappelait aussi le début de l'attirance entre Edward et Bella, quand ils tombent amoureux. Nous avons filtré la lumière avec des tons chauds, pour qu'elle ait une texture douce et une faible intensité. Il s'agit d'une séquence importante : Edward raconte l'histoire des Volturi à Bella, puis elle se blesse la main et Edward doit s'interposer entre Jasper et elle. »

« POUR L'ANNIVERSAIRE DE BELLA, NOUS VOULIONS CAPTER CE CÔTÉ MERVEILLEUX : IMAGINEZ QUE VOUS AYEZ DES AMIS ADORABLES, RICHES ET RAFFINÉS, QUI ORGANISENT POUR VOUS LA PLUS BELLE FÊTE D'ANNIVERSAIRE AU MONDE. »

« La scène d'anniversaire à la résidence des Cullen ressemble à la soirée idéale. La maison est magnifiquement décorée et tout le monde est content. Edward regarde Bella et pense qu'elle peut faire partie de sa famille et de sa vie… Après tout, les choses pourraient peut-être fonctionner comme il le souhaiterait. »

— ROBERT PATTINSON

Jasper (Jackson Rathbone) ne peut se contrôler lorsqu'il sent l'odeur du sang de Bella.

« La situation bascule d'un seul coup de façon assez effrayante, avec une brusque poussée de violence, ajoute le réalisateur. Nous voulions que les personnages bondissent dans les airs, mais pas gracieusement, que l'on ait une impression de poids et de gravité. »

Le travail des cascadeurs était compliqué parce qu'ils se trouvaient dans une maison réelle et ne pouvaient pas percer de trous pour fixer les câblages. J.J. Makaro, le coordinateur des cascades, explique que son équipe et lui-même ont été obligés de planifier avec précision et dans l'urgence le brutal accès de violence qui clôture la fête. Le réalisateur a commencé par filmer sa partie de la séquence avec les acteurs et la première équipe, et le lendemain, les cascadeurs sont venus jouer la partie action. « Nous avons eu de la chance, raconte J.J. Makaro, car la maison faisait presque cinq mètres de haut, et nous avons pu attacher tout notre attirail sous le toit. Comme c'était assez volumineux, il a fallu faire attention de ne rien laisser paraître à l'écran. »

J.J. Makaro, le coordinateur des cascades, explique que son équipe et lui-même ont été obligés de planifier avec précision et dans l'urgence le brutal accès de violence qui clôture la fête.

« On n'a pas vraiment perdu de temps à rechercher la maison de Bella, reconnaît Abraham Fraser. Même en Oregon, c'était une maison qui ne court pas les rues ; elle a environ cent ans et une architecture très particulière pour cette période… Les propriétaires eux-mêmes n'en connaissent pas d'autre de ce style. Comme nous savions que trouver une maison équivalente serait difficile, nous avons rapidement décidé d'utiliser les grands moyens et de recréer entièrement la maison. Nous avons choisi comme emplacement un parc peu fréquenté, dans une petite ville à la campagne, qui présentait la bonne implantation géographique avec une rangée d'arbres et une route d'accès. La production a construit une coquille vide, juste quatre murs, puis a coupé et planté des arbres devant la maison, dans un souci de cohérence avec le lieu original. Ce décor restera en place jusqu'à ce que nous ayons fini de tourner la saga. »

Dès que le site de la maison de Bella et Charlie a été trouvé, les équipes de conception et de construction se sont attelés à la reproduction de la maison

> « EN REGARDANT À LA LOUPE, ON ARRIVERA PEUT-ÊTRE À REPÉRER LES ENDROITS OÙ NOUS AVONS TRICHÉ, MAIS NOUS AVONS VRAIMENT FAIT DE NOTRE MIEUX. »

Ce décor de Tentation *reproduit à l'identique la maison de Bella et Charlie que l'on voit dans* Twilight.

en elle-même. David Brisbin a qualifié ce défi d'exceptionnel par rapport au processus habituel, qui consiste à imaginer un décor et à le créer à partir de rien. « Il a fallu que nous prenions les mesures exactes de la maison de Portland, puis nous avons édifié l'extérieur de la maison sur le terrain, tandis que nous construisions l'intérieur en studio (le rez-de-chaussée et le premier étage), à Vancouver. En regardant à la loupe, on arrivera peut-être à repérer les endroits où nous avons triché, mais nous avons vraiment fait de notre mieux. Nous avons étudié les lieux de tournage de *Twilight* et, le plus important, le piétage du film (le repérage des images), pour analyser tout ce que nous avions filmé en repérage dans la journée. Dans *Twilight*, on a l'impression que la chambre de Bella donne sur la façade de la maison, alors qu'en réalité, elle donne sur le côté droit, vue de face. »

Il était également possible de s'inspirer des spécifications architecturales de la maison d'origine pour la dupliquer, à l'intérieur comme à l'extérieur, mais elle avait été repeinte entre-temps, ce qui lui donnait un aspect complètement différent par rapport au film. « Une grande partie de son côté ancien et de sa texture s'est envolée, note la directrice artistique Catherine Ircha. Certes, nous possédions des références sur cette maison avant, pendant et après le tournage, mais toutes ces images ne traduisaient pas toujours la belle texture que nous avions remarqué sur *Twilight*. Alors, comment faire pour la retrouver ? » En fait, la lumière est venue, comme l'indique David Brisbin, du premier film lui-même, d'abord grâce aux plans fixes extraits des DVD classiques. « Nous ne pouvions pas voir beaucoup de détails sur ces DVD, alors dès que le DVD

Blu-ray haute définition de *Twilight* est sorti, je me le suis procuré, raconte Catherine Ircha. Ça m'a fait un électrochoc ! Jusqu'à ce que je voie ce Blu-ray, il y avait des tas de choses dont j'ignorais jusqu'à l'existence. C'était fou ! Nous parlions de la texture de la chambre de Bella ; effectivement, en voyant les images en haute définition, c'était très net : les murs avaient de la matière. Il y avait une espèce de finition en stuc, une texture compacte qui ressortait par endroits, de quelques millimètres. Et l'on pouvait voir une ombre, ce qui n'apparaissait pas du tout en résolution standard. Dans *Twilight*, on avait un bref aperçu du sol de la chambre, mais puisqu'il apparaissait, même très peu, nous avons décidé de le reproduire à l'identique. Il nous restait du temps après notre visionnage, rien dans la production n'avait dépassé le stade après lequel plus rien n'est modifiable. »

Catherine Ircha se souvient que, compte tenu de la mauvaise qualité des plans fixes du DVD dans lesquels apparaissait la camionnette de Bella, elle a préféré se tourner vers *Twilight : Le Guide officiel du film,* paru en 2008, qui raconte le making-of du film. « Avec ses superbes photos, je ne pouvais pas trouver mieux comme référence pour la voiture de Bella. David et moi sommes

des perfectionnistes, nous faisons attention aux plus petits détails », ajoute Catherine Ircha.

Une des problématiques pour l'équipe de production était de savoir comment montrer la dépression dans laquelle sombre Bella après le départ d'Edward. Dans le roman, Bella décrit la séparation comme une succession de vagues de souffrance qui la submergent et l'engloutissent. Ensuite, le livre se compose de quatre pages quasi blanches, mentionnant uniquement les mois qui s'écoulent : « Octobre. Novembre. Décembre. Janvier. » Ce passage du temps devait être représenté par un effet visuel dans le film, Kristen Stewart se tenant prostrée sur une chaise dans la chambre de Bella, tandis que la caméra tourne autour d'elle et montre le passage des saisons par la fenêtre. Pour ce faire, il a été nécessaire de retoucher un peu la reproduction jusqu'alors méticuleuse de la maison de Bella et Charlie. « Pour obtenir ce plan, il fallait qu'on puisse relier Bella à la fenêtre de sa chambre, explique David Brisbin, ce que ne permettaient pas les dimensions de la fenêtre d'origine. Nous l'avons donc agrandie, ce qui renforce le lien avec la forêt, si fort dans l'histoire. »

Cet effet est l'un des trois cents que Prime Focus a gérés. Anciennement Frantic Films, cette société a été nominée pour un oscar et un Emmy Award pour son travail. Pour Eric Pascarelli, responsable des effets visuels chez Prime Focus, et pour Susan MacLeod, responsable des effets visuels et productrice, la scène constituait un «plan de transition», une façon élégante de capturer l'état émotionnel de Bella, ainsi que le passage du temps. «Nous avons appelé ce plan "le temps qui passe", relate Eric Pascarelli. La caméra est censée tourner trois fois autour de Bella, à 360 degrés, et chaque fois que nous passons devant la fenêtre, un autre mois s'est écoulé. Il a fallu faire correspondre des plans tournés par deux caméras différentes : une centrée sur Kristen, et l'autre filmant la vue par la fenêtre, comme si elle était observée de l'intérieur. Notre première idée était de faire des prises de vues en "Motion Control", un système informatique programmable et reproductible, qui permet d'intégrer dans une même séquence des éléments filmés séparément. Les différents éléments sont ensuite recomposés dans une seule image. Mais le décor de la chambre était trop petit pour accueillir l'équipement standard de Motion Control.»

«Susan a donc fait fabriquer un chariot de travelling sur mesure, explique Eric Pascarelli, auquel les opérateurs Paul Maples et Craig Shumard, de Pacific Motion Control, à Los Angeles, ont connecté sur place des petits codeurs. Les informations enregistrées ont ensuite pu être intégrées au système de Motion Control pour que le mouvement de caméra exact puisse être répété dans la chambre de Bella… Cette maison était en elle-même un plateau de cinéma très pratique, solide et capable d'accueillir des centaines de kilos d'équipement. La chambre de Bella se trouve au premier étage, nous y avons donc monté notre caméra Motion Control pour filmer de l'intérieur.

Charlie (Billy Burke) se fait du souci pour sa fille.

«Je pense que ce qui est fantastique avec la saga de Stephenie Meyer, c'est qu'elle a pris ces créatures mythiques, les vampires et les loups-garous, que tout le monde croit connaître, et qu'elle les a réinventées. En plus, Bella Swan est une jeune fille lambda dans laquelle peuvent se reconnaître les femmes et les hommes de tous les âges. Le tiraillement qu'éprouve Bella entre Edward et Jacob est une expérience tellement vraie!»

— ERIK FEIG

Nous avons retiré le cadre de la fenêtre pour avoir une belle ouverture sur l'extérieur, d'environ deux mètres cinquante de haut sur trois mètres de large. »

« Pour la vue de la fenêtre, nous avons pris trois arrière-plans différents : un pour l'automne, un pour Thanksgiving et un pour Noël et l'hiver, ajoute Susan MacLeod. Quand Prime Focus a remplacé le fond vert du décor de la chambre par des vues extérieures, il a renforcé l'effet visuel en ajoutant des feuilles créées numériquement à "l'arbre de Jacob" (à un moment de l'histoire, Jacob grimpe à cet arbre pour voir Bella) et en ajoutant de la neige à l'écran. »

« Il n'était pas évident pour Kristen de passer par les phases émotionnelles que traverse Bella dans le livre, observe Wyck Godfrey. Les mois qui suivent le départ d'Edward ne sont qu'un grand vide pour elle, et nous avons trouvé un moyen visuel très efficace pour transposer ce vide qui apparaît dans le roman. »

Bien que le montage intervienne traditionnellement en phase de postproduction, l'assemblage des plans a commencé pendant le tournage. Le monteur Peter Lambert se rappelle avoir suscité quelques

Chutes d'une scène qui sera peut-être coupée au montage : Bella fait un cauchemar, où elle se trouve dans une autre version de sa chambre, en pleine forêt ; Edward et un loup apparaissent.

interrogations chez le régisseur d'extérieurs et le chef décorateur, quand il s'est attelé au travail quelque six semaines avant le début du tournage. Il a commencé par scanner les dessins des storyboards pour créer des prévisualisations («previz») générées par ordinateur, une technique qui permet d'étudier l'ambiance d'une scène, depuis la mise en place des comédiens jusqu'aux angles de prises de vue, grâce à des environnements et des personnages numérisés en basse résolution. «On a beaucoup travaillé de cette manière sur l'apparition d'Edward, qui se manifeste dès que Bella est en danger», explique Peter Lambert.

Le monteur a également passé la période de préproduction à travailler avec le réalisateur sur le langage du film : «Nous avons notamment discuté des transitions qui permettent de raconter l'histoire de la façon la plus efficace. Par exemple, la première fois que Bella voit les loups-garous, on la voyait courir dans les bois jusqu'à sa voiture, démarrer à toute allure, se précipiter chez elle et raconter à son père ce qu'elle avait vu. En fait, une fois coupée, la séquence est devenue beaucoup plus forte. On la voit s'enfuir dans les bois et on passe directement à la scène où elle arrive chez elle et s'écrie : "Papa, je les ai vus!"»

Un vrai loup a été conduit sur le plateau pour la séquence du rêve.

Une des inventions du film est le cadeau d'anniversaire qu'offre Jacob à Bella. Il vient sur le parking du lycée lui offrir un «dream catcher», c'est à dire un attrape-rêves (ou attrape-cauchemars), qu'on voit plus tard suspendu à la tête de lit de Bella. Le chef décorateur David Brisbin souligne que si le «dream catcher» n'est pas un objet proprement quileute, il a senti que le réalisateur Chris Weitz était intéressé par le côté artisanal de l'objet, auquel il voulait conférer un rôle dramatique. «Chris est passionné d'histoire de l'art et de l'artisanat et il adore les œuvres un peu "alternatives", indique David Brisbin. Il aime les combinaisons éclectiques et les rééditions.»

Cet attrape-rêves ou cauchemars est un catalyseur d'émotions chez tous les personnages principaux. «Dans l'histoire, continue David Brisbin, cet objet porte symboliquement les attentes des personnages : Jacob prétend qu'il va attraper les cauchemars, Edward est furieux car son rival offre à Bella un cadeau personnel et Charlie déplore plus tard qu'il ne soit plus efficace.»

Comme tous les autres accessoires principaux, celui-ci a vu le jour au terme d'un long processus de recherche et de commande de prototypes, mené par la chef accessoiriste Ellen Freund. Chris Weitz avait précisé qu'il voulait un objet sans plumes. L'équipe a également réfléchi à la façon dont l'objet serait transporté, puis échangé entre Jacob et Bella, ce qui conditionnait son poids et son envergure. La bourse qui lui sert d'écrin est le fruit d'une suggestion d'Ellen Freund.

«Cet objet a été créé en plusieurs étapes, raconte-t-elle. Le tour et le filet du milieu ont été tissés par une artiste dans le Wisconsin. Sa conception inhabituelle et relativement complexe nous a tout de suite plu. Les perles ont été ajoutées sur place par Jenny McDonnell, qui a également créé la pochette de présentation en daim. Le loup en argent est l'œuvre d'un artiste de Vancouver.»

Jacob offre à Bella son cadeau d'anniversaire.

L'équipe de production a créé trois accessoires identiques et deux accessoires de secours, légèrement différents.

55

Peter Lambert précise que le travail d'un monteur ne se résume pas à couper des scènes, mais à les assembler en une séquence cohérente. La variété des angles de caméra choisis aide un réalisateur à traduire les émotions ou les points importants de l'histoire.

« L'exemple est flagrant dans la scène où Edward rompt avec Bella, raconte Peter Lambert. Nous avons multiplié les prises de vue sur les acteurs suivant différents angles : plans larges, plans à deux, plans rapprochés. Le choix des angles au final conditionne la façon dont le public va vivre ce moment. Un plan très large peut indiquer que les personnages sont observés. Si vous entendez la voix d'Edward, mais que vous voyez le visage de Bella, vous êtes concentré sur la réaction de celle-ci. On ne peut donc pas dire que je me débarrasse de certains plans, mais que j'opère des choix sur les moments-clés à montrer. »

Chaque jour, Peter Lambert faisait des allées et venues entre son studio de montage et le site de tournage pour visionner les rushes de la journée avec le réalisateur Chris Weitz et le producteur Wyck Godfrey. Peter Lambert se rappelle en riant que, vu qu'il avait le luxe de disposer d'une voiture avec chauffeur, pour gagner du temps il travaillait au montage du film au cours de ses déplacements quotidiens. « Kindra Marra, mon premier assistant de choc, a configuré le système sur mon ordinateur portable. Je pense qu'il s'agit sans doute du premier film de cette ampleur dont la première mouture a été montée en grande partie à l'arrière d'une voiture. »

« LE CHOIX DES ANGLES AU FINAL CONDITIONNE LA FAÇON DONT LE PUBLIC VA VIVRE CE MOMENT. »

Chris Weitz dirige Robert Pattinson dans la scène d'adieu.

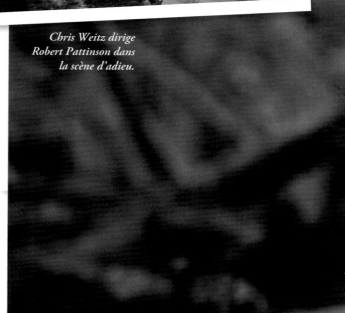

« Pour afficher sa complicité avec Edward,
elle s'habille dans la même gamme de couleur. »

L'actualisation du look de Bella dans *Tentation* impliquait de trouver le juste équilibre entre les caractéristiques identifiées dans *Twilight* et l'évolution du personnage que l'on désirait montrer. «Nous voulions que Bella reste ancrée dans le monde réel, avec une palette à dominante couleur terre, et conserver le contexte de la vie dans une petite ville comme Forks, explique la créatrice des costumes Tish Monaghan. En même temps, Kristen désirait que son personnage, qui a un an de plus, témoigne d'un peu plus de maturité. Nous avons gardé quelques pièces fétiches du premier film, comme ses chaussures, quelques vestes et certains jeans. Mais pour afficher sa complicité avec Edward, elle s'habille dans la même gamme de couleur. Dans les scènes où ils jouent ensemble, avant le départ d'Edward, nous avons décidé d'orienter sa garde-robe vers des gris, des mauves et des bleus.» Quand Edward la quitte, Bella sombre en plein désespoir. «Après le départ d'Edward, pendant la léthargie dépressive de Bella, nous avons opté pour des habits plus sombres, voire négligés, raconte Tish Monaghan. En fait, elle est tellement malheureuse qu'elle fait beaucoup moins attention à son apparence.»

> « EN FAIT, ELLE EST TELLEMENT MALHEUREUSE QU'ELLE FAIT BEAUCOUP MOINS ATTENTION À SON APPARENCE. »

L'auteur Stephenie Meyer sur le tournage, avec Kristen Stewart et Taylor Lautner.

Sur la commode de Bella, des photos d'Edward et de ses amis du lycée.

Bella va au cinéma avec Jacob et Mike.

« MON PREMIER DÉFI, C'ÉTAIT DE CONSERVER
CE QUI ÉTAIT RÉUSSI DANS LE PREMIER FILM, EN
TERMES D'ÉVOCATION D'UN MONDE RÉEL. JE TROUVE
QUE LA CRÉATRICE PRÉCÉDENTE AVAIT FAIT UN SUPER
BOULOT AU NIVEAU DE L'ÉTUDE DE LA VIE DANS UNE
PETITE VILLE DE PROVINCE ET JE VOULAIS CONTINUER
DANS CETTE VEINE, AVEC LE MONDE DE BELLA, CELUI
DE SON PÈRE ET CELUI DE SES AMIS À FORKS. »

— TISH MONAGHAN

Soleil terrestre

Taylor Lautner dans le rôle de Jacob Black.

« Eh bien, disons qu'il existe des tas de mythes, dont certains remonteraient au Déluge. D'après eux, les Quileutes auraient, pour survivre, accroché leurs canoës aux sommets des plus grands arbres des montagnes, comme Noé et son arche. [...] Un autre prétend que nous descendons des loups, et que ceux-ci sont nos frères, encore aujourd'hui. Nos lois tribales interdisent d'ailleurs de les tuer. Et puis, il y a les histoires sur les *Sang-froid*. [...] Tu vois, les Sang-froid sont les ennemis naturels des loups. Enfin, plus exactement, des loups qui se sont transformés en hommes, comme nos ancêtres. Ceux que tu appellerais des loups-garous[8]. »

— JACOB BLACK

Dans le roman *Fascination*, lors d'une promenade sur la belle plage First Beach de La Push, Jacob explique à Bella que son arrière-grand-père connaissait le chef d'un clan de vampires local, les « Sang-froid », aux mœurs inhabituelles. Ceux-là avaient réussi à ne plus chasser les humains, mais à se contenter de proies animales. Toutefois, comme il était quand même dans leur nature d'avoir envie de sang humain, l'aïeul de Jacob avait signé un traité avec le chef de ce clan pour les garder à distance : les Sang-froid se tiendraient loin des terres tribales et les Quileutes ne les dénonceraient pas aux visages pâles.

Bella complimente Jacob sur ses talents de conteur, essayant de faire semblant de croire qu'il s'agit simplement d'une légende effrayante, même si Jacob lui demande de n'en parler à personne.

Elle se trouvera confrontée assez tôt à l'étrange réalité. Dans tout le roman *Tentation*, les rumeurs vont bon train sur la présence de créatures bizarres dans les forêts de Forks. Les lecteurs finissent par savoir que la véritable menace émane de Victoria, vampire assoiffée de sang, revenue pour se venger et tuer Bella, mais ils découvrent aussi l'arrivée des loups-garous de la légende, avec Jacob en première ligne. Comme le mentionne le script de Melissa Rosenberg, il y a « quelque chose dans les bois ».

Jacob et ses amis de la réserve quileute occupent le devant de la scène dans le deuxième roman de Stephenie Meyer et il a fallu transposer le monde quileute sur grand écran. Pendant la courte période de préproduction, un membre de l'équipe de repérage visita le pays quileute dans l'état de Washington. « L'endroit est incroyablement beau, raconte David Brisbin. Vous roulez

au milieu de cette forêt, en pleine montagne, vous amorcez une descente et tout à coup, vous découvrez ce site magnifique, une baie surplombée de cimes rocheuses. La ville est blottie sur la côte, à l'abri de ces hautes montagnes. Nous avons envisagé de situer la maison de Jacob au sein de sa communauté. Mais, dans l'intérêt de l'histoire, nous avons décidé de l'installer aux confins du territoire quileute. Nous avons découvert des endroits intermédiaires qui ne se trouvaient pas physiquement dans la réserve, mais qui y étaient rattachés, avec quelques habitations éparses, le plus souvent des fermes. C'est à partir de là que nous avons défini la symbolique

« LA MAISON DE JACOB ÉTAIT COMME UNE PORTE QUI OUVRAIT SUR L'UNIVERS DE LA FORÊT. »

de la maison de Jacob, la logique de son monde, qui est plus proche de la forêt que de la ville. Notre intention était de montrer toute la chaleur et l'authenticité de Jacob, poursuit David Brisbin, mais également sa relation très intense avec la forêt. Dans l'esprit de Chris, la maison de Jacob était comme une porte qui ouvrait sur l'univers de la forêt, où se dissimule la réalité de l'histoire des loups-garous. Il voulait donc que la distinction soit bien claire, étant donné les événements spéciaux qui s'y passent. Quant à la maison d'Emily, repaire des jeunes hommes de la tribu, elle est encore plus isolée de la vie normale, encore plus enfoncée dans les bois et plus connectée au monde magique dans lequel ils pénètrent et qu'ils apprennent peu à peu à connaître. »

La maison de Jacob a été un véritable casse-tête pour le chef décorateur, qui essayait de respecter les indices visuels donnés dans les romans. « Dans les livres et le script, une maison rouge est mentionnée, et Bella évoque même une ferme de couleur rouge, se souvient David Brisbin. Nous avons trouvé un endroit près de Vancouver, que nous avons vu, le réalisateur, le directeur de la photographie et moi-même, comme l'endroit idéal. C'était une ferme, avec de la place pour réparer les motos (dont s'occupent ensemble Bella et Jacob) et des arbres tout autour, dans un cadre magnifique. Mais le bâtiment était vert, nous nous trouvions dans un beau monde vert ! J'étais en plein dilemme : profiter de ce lieu ou respecter l'idée de Stephenie Meyer ? »

Finalement, nous n'avons pas eu besoin de trancher ! Après avoir vérifié sous Photoshop que notre idée fonctionnerait, nous avons préparé le lieu pour le tournage et nous avons peint la maison en rouge. « Je leur avais montré le terrain, l'espace, se souvient le régisseur d'extérieurs Abraham Fraser, et la maison verte entourée d'une clôture. Le propriétaire élevait des chèvres. Nous avons retiré la clôture, peint la grange en rouge fané, nous avons ajouté des touches d'art autochtone, des sculptures, etc., et nous avons fait traîner quelques vieilles remorques et des bateaux, pour donner une impression de proximité avec la mer. David Brisbin a recréé le décor pour qu'il corresponde davantage au personnage de Jacob. »

Bien que la ferme soit perdue au milieu de nulle part, les Twilighteurs l'ont quand même trouvée, donnant à David Brisbin l'occasion de vivre son expérience la plus inhabituelle sur une production. Un jour, alors que la maison du berger

L'extérieur de la maison dans laquelle Sam Uley vit avec Emily, son grand amour.

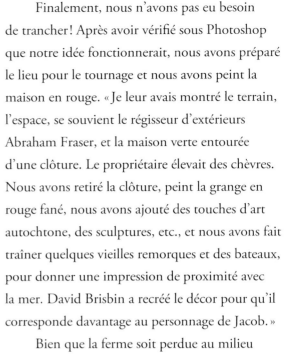

« Le monde quileute est celui de la nature. Il existe aussi un monde intérieur, la maison d'Emily, totalement intégrée dans la forêt. J'ai toujours essayé d'utiliser une lumière naturelle, comme celle du soleil, qu'il soit direct ou filtré par les nuages. L'impression visuelle que je voulais donner était celle d'un endroit agréable, avec une prédominance de tons verts et chauds. J'ai tenté une reconstitution un peu fantastique d'un environnement en pleine adéquation avec la nature sauvage. »

— JAVIER AGUIRRESAROBE

« Javier n'a pas abusé des effets de brouillard ou de fumée, mais a exploité la beauté des sites. Cependant, tout n'est qu'illusion. Nous créons l'illusion des vampires ou celle que Jacob peut se transformer en loup. Pour ceux qui font un film, le défi, c'est qu'un public installé dans une salle pendant deux heures soit transporté dans un autre monde, et bascule de l'incrédulité au plaisir. »

— NORMA HILL-PATTON

Kristen Stewart se prépare pour une scène devant la maison de Jacob.

était en pleine phase de préparation, une femme avec un bébé s'est approchée pour lui demander : « Oh, est-ce que ça va être la maison de Jacob ? » « Cette question m'a complètement abasourdi, raconte David Brisbin. D'habitude, les gens demandent : "Vous tournez un film ?" Elle, elle était carrément au-delà ! Le studio nous avait demandé d'être aussi discrets qu'il est humainement possible de l'être, pour que l'effet de surprise reste entier à la sortie du film. J'ai donc un peu hésité avant de répondre. Elle a repris : "Oui, je vois que vous êtes en train de lui donner un coup de vieux et la maison de Jacob a des couleurs passées." Ça ne servait à rien de nier l'évidence ! "Oui, c'est la maison de Jacob", ai-je dit. »

« LE STUDIO NOUS AVAIT DEMANDÉ D'ÊTRE AUSSI DISCRETS QU'IL EST HUMAINEMENT POSSIBLE DE L'ÊTRE, POUR QUE L'EFFET DE SURPRISE RESTE ENTIER À LA SORTIE DU FILM. [...] ÇA NE SERVAIT À RIEN DE NIER L'ÉVIDENCE ! "OUI, C'EST LA MAISON DE JACOB." »

De Vancouver en Italie, les fans n'ont pas quitté le tournage. Avec les moyens de communication modernes (appareils photos des téléphones portables et accès instantané à Internet), les bloggeurs du monde entier étaient informés en un clin d'œil des dernières nouvelles du front. La directrice artistique Catherine Ircha, dont la mission principale est de s'assurer que la vision du réalisateur et du chef décorateur se concrétise sur les plateaux et les sites de tournage, a décidé de son propre chef de devenir la « spécialiste ès tétralogie *Twilight* » et l'agent de liaison avec les Twilighteurs. « Lorsque vous réalisez un film, tout va toujours très vite, explique-t-elle, et plein de gens n'avaient pas encore lu toute la saga. Je gardais toujours un œil sur les sites et les blogs des fans. Mon objectif était réellement d'inclure la vision du livre et de fabriquer le film dont rêvaient les fans sans trahir l'esprit du roman, pour leur plus grand bonheur. »

La vigilance de Catherine Ircha a payé, lors d'un incident ayant pour toile de fond la maison de Jacob. « Dans *Tentation*, aucune mention n'est faite de la couleur de la voiture de Jacob, mais dans *Hésitation*, on apprend qu'elle est rouge, explique Catherine Ircha. Devant la maison de Jacob, on avait placé un véhicule pour le réglage du décor, une Volkswagen bleue. Lorsque vous repeignez une vieille ferme en rouge, tous les inconditionnels de la saga savent qu'il s'agit de la maison de Jacob, même si l'endroit est totalement isolé. C'était un samedi et tous les bloggeurs étaient à leur clavier, devant les photos qui venaient d'être mises en ligne. Ils ont commencé à réagir en s'indignant que la voiture soit bleue, alors qu'elle devait être rouge ! » D'après Catherine Ircha, il s'agissait juste d'une voiture supplémentaire (Jacob aurait bien une voiture rouge dans *Tentation*). « C'est le type de détail à côté duquel on peut facilement passer, il y a juste une petite mention sur la couleur, dans le tome suivant, souligne Catherine Ircha. Wyck avait aussi noté qu'il s'agissait d'une voiture rouge. Mais ça m'a fait stresser et je n'ai pas fermé l'œil du week-end… Horrible ! »

Comme l'a signalé la scénariste Melissa Rosenberg, les motos sont un thème récurrent pour Bella dans le film, symbolisant à la fois le danger et son évolution personnelle. « L'épisode des motos sert de point de départ à l'amitié entre Bella et Jacob, dit Taylor Lautner. Bella arrive avec ces motos à l'arrière de sa camionnette et interpelle Jacob : "Eh, j'ai envie de faire du moto cross !" Jacob répond : "Tu es sûre ? Bon, OK, alors, au travail !" Ensuite, il y a

cette période sympa où ils réparent les motos et se rapprochent l'un de l'autre. À la fin, lorsque les motos sont prêtes, ils sont devenus amis. C'est vraiment un symbole de toute leur relation. »

Outre le fait que les motos servent à créer un lien entre Bella et Jacob, l'incident en moto à Port Angeles permet à Bella de réaliser qu'elle peut provoquer l'apparition d'Edward. « Bella se rend compte que la moindre poussée d'adrénaline, pour quelque raison que ce soit, déclenche non seulement une image subjective qu'elle a d'Edward, comme un souvenir, mais elle entend également sa voix, raconte Kristen Stewart. Cette dernière la met en garde, comme elle imagine que lui le ferait, dans ces moments de "témérité et de stupidité" pures qu'il a anticipés avant de partir. Donc, elle est prête à enfourcher une moto ou à plonger dans l'eau du haut des falaises, ce qui ne lui ressemble pas. Bella n'est pas une aventurière ou une fille à prendre des risques, mais elle devient accro à cette voix. Elle va de plus en plus loin, uniquement pour sentir sa présence. »

Au fur et à mesure que Bella sort lentement de sa dépression grâce à Jacob, sa renaissance spirituelle se traduit par les couleurs plus vives de ses vêtements, avec des chemisiers aux manches courtes, des habits « plus gais », comme les qualifie la créatrice des costumes. La garde-robe de Jacob, elle, est conçue pour souligner le physique de Taylor Lautner. « Nous avons surtout cantonné Jacob aux T-shirts et nous avons même retaillé les manches pour donner plus de relief à ses muscles, raconte Tish Monaghan. Nous avons raccourci les manches de ses chemises pour donner l'impression qu'il a grandi trop vite. Nous lui avons fait porter des bottes pour le grandir et chaussé Bella de talons plats pour renforcer leur différence de taille. Nous avons conservé des tonalités de brun pour Jacob et ajouté de la graisse sur ses jeans, car

> « Pour Bella, Jacob est quelqu'un d'accessible. C'est le bon copain qui sera toujours là pour elle. Elle sombre dans une profonde dépression lorsqu'Edward la quitte, et Jacob est son rayon de soleil. C'est lui qui la tire de sa dépression et la maintient en vie. »
>
> — TAYLOR LAUTNER

« Bella utilise Jacob, mais de manière inconsciente, du moins au départ. Lorsqu'elle se rend compte qu'elle se sert de lui, c'est terrible pour elle, parce qu'elle comprend qu'il est amoureux d'elle. Mais elle est tellement malheureuse de la perte d'Edward qu'elle ne fait pas vraiment attention aux sentiments des autres. Ce qui la surprend également terriblement, c'est de réaliser qu'elle commence à éprouver des sentiments pour Jacob. Il lui permet de se sentir un peu plus en paix, alors elle est attirée par lui. »

— MELISSA ROSENBERG

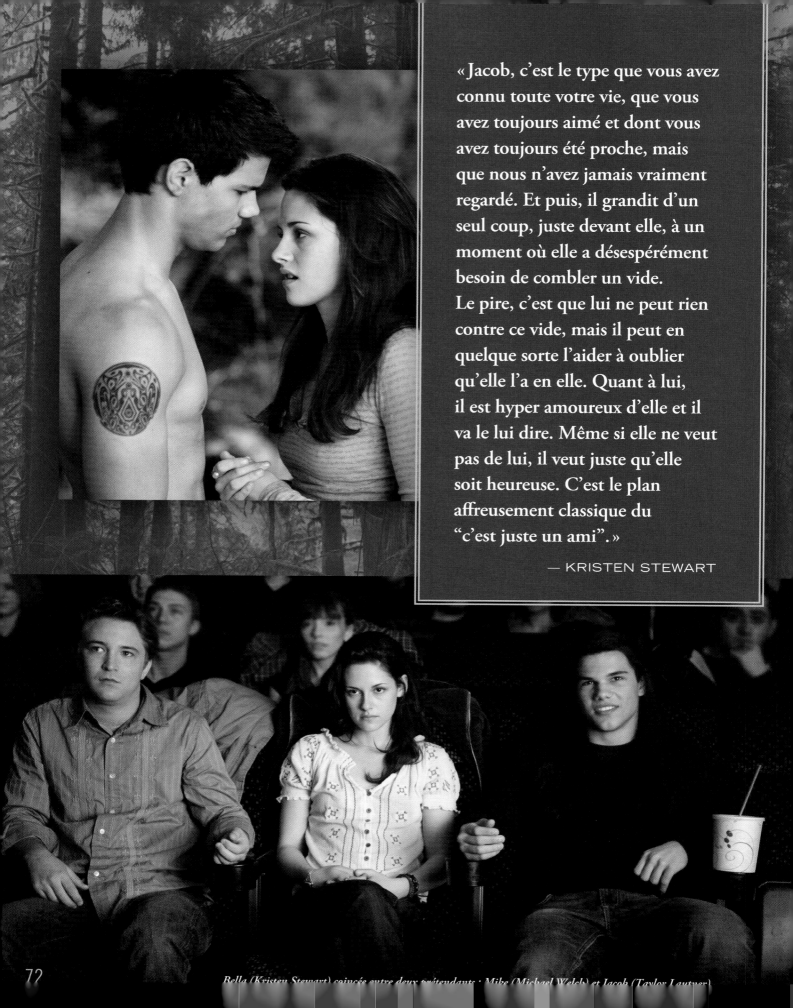

« Jacob, c'est le type que vous avez connu toute votre vie, que vous avez toujours aimé et dont vous avez toujours été proche, mais que nous n'avez jamais vraiment regardé. Et puis, il grandit d'un seul coup, juste devant elle, à un moment où elle a désespérément besoin de combler un vide. Le pire, c'est que lui ne peut rien contre ce vide, mais il peut en quelque sorte l'aider à oublier qu'elle l'a en elle. Quant à lui, il est hyper amoureux d'elle et il va le lui dire. Même si elle ne veut pas de lui, il veut juste qu'elle soit heureuse. C'est le plan affreusement classique du "c'est juste un ami". »

— KRISTEN STEWART

Bella (Kristen Stewart) coincée entre deux prétendants : Mike (Michael Welch) et Jacob (Taylor Lautner).

Graham Greene dans le rôle de Harry Clearwater.

il passe beaucoup de temps dans son garage, là où se développe l'attirance tacite entre Jacob et Bella pendant qu'ils réparent les motos. Mais je voulais également montrer que les mondes de Jacob et d'Edward sont complètement aux antipodes, et que Bella est prise entre les deux. »

« Kristen Stewart a dans l'ensemble gardé ses cheveux naturels, indique le styliste coiffure Thom McIntyre. Même si sa coiffure reste proche de celle de *Twilight*, elle varie un peu en fonction de son état émotionnel au fil de l'histoire, en commençant par l'atmosphère heureuse et optimiste du début. Dans la première partie du film, ses cheveux rappellent ceux des princesses de contes de fée, avec des boucles, très girly. Puis elle traverse différentes phases où elle ne s'occupe pas de ses cheveux, après le départ d'Edward. Quand elle sort de sa dépression, elle se coiffe de façon plus détendue, avec les cheveux souples. »

Taylor Lautner a changé de physique grâce à un régime et un entraînement personnel, et la chef maquilleuse Norma Hill-Patton a décidé de renforcer l'impression de phase de croissance massive que traverse Jacob lorsqu'il devient un membre de la meute de loups. « Pour Jacob, je voulais créer l'illusion que soudain, en quelques

jours, il passe de l'état de jeune homme tranquille et naïf à cette espèce de surhomme. Je lui ai d'abord donné une apparence très jeune, fraîche et innocente, avec une peau très lisse, sans cernes, et un peu de blush sur les joues. Mais ensuite, quand il change, il devient plus hâlé et ses traits sont plus marqués. J'ai conservé l'ombre naturelle que chacun a sous les yeux et j'ai ombré son nez, ses pommettes et sa mâchoire, avec une légère barbe. Je lui ai dessiné les yeux pour les rendre brumeux et je lui ai appliqué du mascara sur les sourcils pour les noircir et les épaissir. Toute la meute a eu droit au même traitement. Les gars avaient tous travaillé dur pour se muscler et nous leur avons donné un coup de pouce pour mettre leurs efforts en valeur. »

En dehors de Taylor Lautner pour Jacob, les autres acteurs étaient Chaske Spencer dans le rôle de Sam Uley (qui, dans *Tentation*, est le chef de la meute), Kiowa Gordon dans le rôle d'Embry Call, Bronson Pelletier dans celui de Jared et Alex Meraz dans celui de Paul. Parmi les autres acteurs indiens, on peut citer Gil Birmingham dans le rôle de Billy Black (le père de Jacob), Tinsel Korey dans celui d'Emily,

« La façon dont les Cullen (les acteurs) évoluent dans leurs tenues et celle dont leurs scènes sont articulées donne une impression de retenue. Avec les loups, au contraire, même pour une scène très courte, le film change de registre. Les gars de la meute de loups dégagent une énergie incroyable, ils sont toujours en train de se provoquer et de pousser des hurlements de loups. C'est un monde complètement nouveau qui apparaît, plein de chaleur et de dynamisme. C'est aussi beaucoup plus violent et animal, en comparaison de celui des vampires. »

— KRISTEN STEWART

Kiowa Gordon s'entraîne à hurler.

et le respecté Graham Greene dans le rôle de Harry Clearwater. Rene Haynes, la directrice de casting, est venue prêter main forte à Chris Weitz et au responsable de la distribution Joseph Middleton. Elle est devenue experte dans le casting des rôles d'Indiens américains depuis *Danse avec les loups* et *Le Nouveau Monde*. Son travail a été celui de tout directeur de casting : trouver le meilleur acteur pour un rôle donné.

« Mon agence (Rene Haynes Casting) a développé un rapport étroit avec les Indiens américains, explique Rene Haynes. Trouver la distribution de *Tentation* a été un travail fabuleux, parce qu'il n'existe pas des tonnes d'opportunités pour de jeunes acteurs indiens américains d'apparaître dans des films aussi populaires que la saga *Twilight*. Le casting a été énorme, ouvert à toute l'Amérique du Nord. » Une fois de plus, la popularité de la série n'a pas été démentie : 20 000 e-mails de candidatures ont inondé les ordinateurs de Rene Haynes et de ses assistants Jeff Ham et Joanne Brooks. « J'éprouve une grande sympathie pour les jeunes acteurs d'origine indienne, et nous faisons en sorte de trouver de nouveaux visages pour tous nos films, ajoute Rene Haynes. Même si nous n'avons pas retenu

un grand nombre de candidatures, j'ai pris des notes et conservé des CV, pour disposer d'un véritable vivier de jeunes talents. »

Tyson Houseman, jeune Cree originaire d'Alberta, au Canada, qui s'est installé à Vancouver dans l'espoir de mener une carrière dans le cinéma, a entendu parler du casting de *Tentation* par un ami. Comme d'autres futurs loups de la meute, il n'avait qu'une vague idée de ce qu'était l'univers de *Twilight* et a été plutôt impressionné au début. « Lors du premier casting, il y avait des centaines de personnes, tous des fans purs et durs, se souvient Tyson. Quand j'ai su que j'avais le rôle, je n'ai pas du tout pensé aux fans. Puis quelqu'un m'a dit : "Tu te rends compte qu'il y a des milliers de filles qui vont être complètement folles de ce film ?" J'ai répondu : "Ouais, ça va être un peu bizarre." [Rires.] En réalité, c'est plutôt cool. »

Finalement, il a remporté le rôle de Quil. Même si Quil ne se transforme pas en loup-garou dans *Tentation*, Tyson Houseman a pris part à l'entraînement physique avec les autres acteurs, et cette épreuve les a soudés. Même sur le plateau, ceux-là se lancent des défis de pompes et de tractions, accentuant le côté physique qui est propre à leurs personnages. « On s'est rapprochés à cause de ces séances d'entraînement, commente Chaske Spencer, un Lakota Sioux qui incarne Sam, le chef de la meute. Nous avions des coachs pour nous maintenir en forme. Nous étions comme des frères et la meute créait cette alchimie particulière. »

« J'aime bien l'idée que nous formons une famille, précise Bronson Pelletier, acteur d'origine Cree et française, qui joue le rôle de Jared. J'ai moi-même beaucoup de frères, et ça m'a permis de mieux entrer dans la peau du personnage. »

Chaske Spencer ne connaissait pas grand chose à la saga *Twilight* quand il est venu passer l'audition. Seules ses nièces l'avaient prévenu que « c'était super » ! Pendant la période des auditions, il s'est préparé en levant des poids (pour l'apparence physique de son personnage) et en se plongeant dans la mythologie du récit, lisant les romans en plus du scénario. « C'est vraiment une super histoire : une histoire d'amour avec des loups-garous, déclare Chaske Spencer. Le film ressemble

Emily (Tinsel Korey) donne à manger aux loups affamés Embry (Kiowa Gordon) et Jared (Bronson Pelletier).

75

à une tragédie grecque, avec ce triangle amoureux entre les personnages principaux, et tous ces personnages secondaires, mais importants, qui gravitent autour d'eux. Il y a de l'action, de l'amour, des scènes de combats… Tout ce qui fait que nous allons au cinéma! J'ai mis beaucoup de moi en Sam, en injectant des éléments de mon propre passé dans son personnage. Je pense que Sam est une personne qui doit faire face à des circonstances extraordinaires et a été contraint à de grands sacrifices. Sam est comme un chef de police. Il a endossé le rôle de protecteur et aide les autres garçons dans leur expérience traumatisante de la transformation en loup, car lui, personne ne l'a guidé dans ce processus. À ses yeux, la relation entre Jacob et Bella n'est pas une bonne chose. Elle est amoureuse d'un vampire et ça n'arrange pas ses affaires à lui, qui tente de protéger son peuple. »

Le clan des loups s'est vite retrouvé sous le feu des projecteurs, quand les acteurs ont participé à des séances photos lors de la campagne promotionnelle de *Tentation*. Chaske Spencer a eu l'impression de revivre le type de phénomène populaire qu'il avait connu dans son enfance. «C'était super! J'avais l'impression de redevenir un gamin, comme si j'étais dans *La Guerre des étoiles* ou un autre blockbuster. » En plus, les acteurs ont apprécié l'opportunité, rare, qui leur était donnée de présenter une tribu indienne, les Quileutes, dans un grand film populaire. «Pour nous, Indiens américains, c'est un grand honneur de pouvoir jouer un rôle qui n'est pas un stéréotype, déclare Chaske Spencer. On ne porte pas tous les cheveux longs, ni une jupe de peau, et nous ne sommes pas tous des sorciers. L'ambiance est plus contemporaine, elle montre un autre visage de notre peuple. Nous apparaissons comme des êtres humains… qui se trouvent être des loups-garous. »

Les scènes de plongeon de la falaise de La Push ont constitué de bons exemples d'«effets invisibles ». Le plan est si convaincant que le public est persuadé que ce qu'il voit à l'écran s'est vraiment déroulé. Il a bien fallu que cette falaise, d'où plonge le chef de la meute existe, non? «En fait, nous avons réalisé les séquences de plongeons dans trois environnements différents, avec trois types prises de vue, puis nous avons composé les images, explique Susan MacLeod. C'était un vrai puzzle. Le plongeon de Sam a été l'un de ces moments bénis des dieux où tout est en phase : la prise de vue finale ressemblait exactement à la "previz". On l'a filmé en contre-plongée avec un mouvement de caméra incroyable. Pour remplacer Sam, nous avons fait sauter un cascadeur d'une tour d'une vingtaine de mètres, en studio, à Vancouver. Nous avons construit un fond vert immense d'une trentaine de mètres de haut et fabriqué un équipement caméra qui tombait à la vitesse de la gravité, en filmant un plan panoramique en contre-plongée. La caméra devait tomber pile au bon moment, le cascadeur a plongé dans l'airbag, en toute sécurité, pendant que l'orientation panoramique en contre-plongée de la caméra suivait le mouvement. »

J.J. Makaro parle du plongeon dangereux qu'a effectué son collègue Lloyd Adams du haut de la plate-forme. «Lloyd a commencé sa carrière comme danseur, puis il s'est converti en gymnaste

« POUR NOUS, INDIENS AMÉRICAINS, C'EST UN GRAND HONNEUR DE POUVOIR JOUER UN RÔLE QUI N'EST PAS UN STÉRÉOTYPE. »

Kristen Stewart fait le grand plongeon de Bella devant un fond vert. Robert Pattinson est à côté, pour simuler l'apparition d'Edward.

et il a commencé à faire des chutes de hauteur en airbag. C'est devenu un spécialiste en la matière. »

Quant au plongeon presque fatal de Bella, il a pris pour Kristen des allures de bain forcé dans une piscine de Vancouver. Prime Focus a reconstitué la roche autour de la piscine, avec un fond vert en arrière-plan pour permettre à l'équipe d'étendre numériquement la falaise et de créer des effets (eau sombre s'étendant autour de Bella). Au pied de la falaise, il y a du clapot, grâce à l'équipe des effets physiques, qui « remuait l'eau ». « Les techniciens ont fabriqué un équipement très efficace pour créer des tourbillons, dont un énorme réservoir qui déversait des milliers de litres d'eau dans la piscine et donnait naissance à ces grosses vagues qui la heurtent, explique Eric Pascarelli. C'était plutôt mouvementé, et Kristen s'est retrouvée là-dedans sans broncher. » « Elle est en très bonne forme physique, raconte J.J. Makaro, mais elle n'aime pas beaucoup l'eau, et cette journée a été éprouvante. Il y avait ces machines qui déversaient des tonnes d'eau sur elle. C'était plutôt effrayant, alors on l'a entraînée en piscine pendant deux semaines, car une grande partie de la scène se passe sous l'eau. »

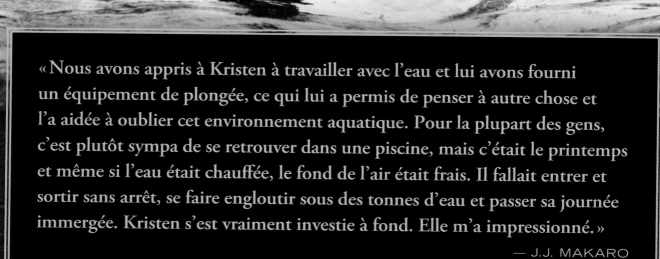

« Nous avons appris à Kristen à travailler avec l'eau et lui avons fourni un équipement de plongée, ce qui lui a permis de penser à autre chose et l'a aidée à oublier cet environnement aquatique. Pour la plupart des gens, c'est plutôt sympa de se retrouver dans une piscine, mais c'était le printemps et même si l'eau était chauffée, le fond de l'air était frais. Il fallait entrer et sortir sans arrêt, se faire engloutir sous des tonnes d'eau et passer sa journée immergée. Kristen s'est vraiment investie à fond. Elle m'a impressionné. »

— J.J. MAKARO

Dans les bois

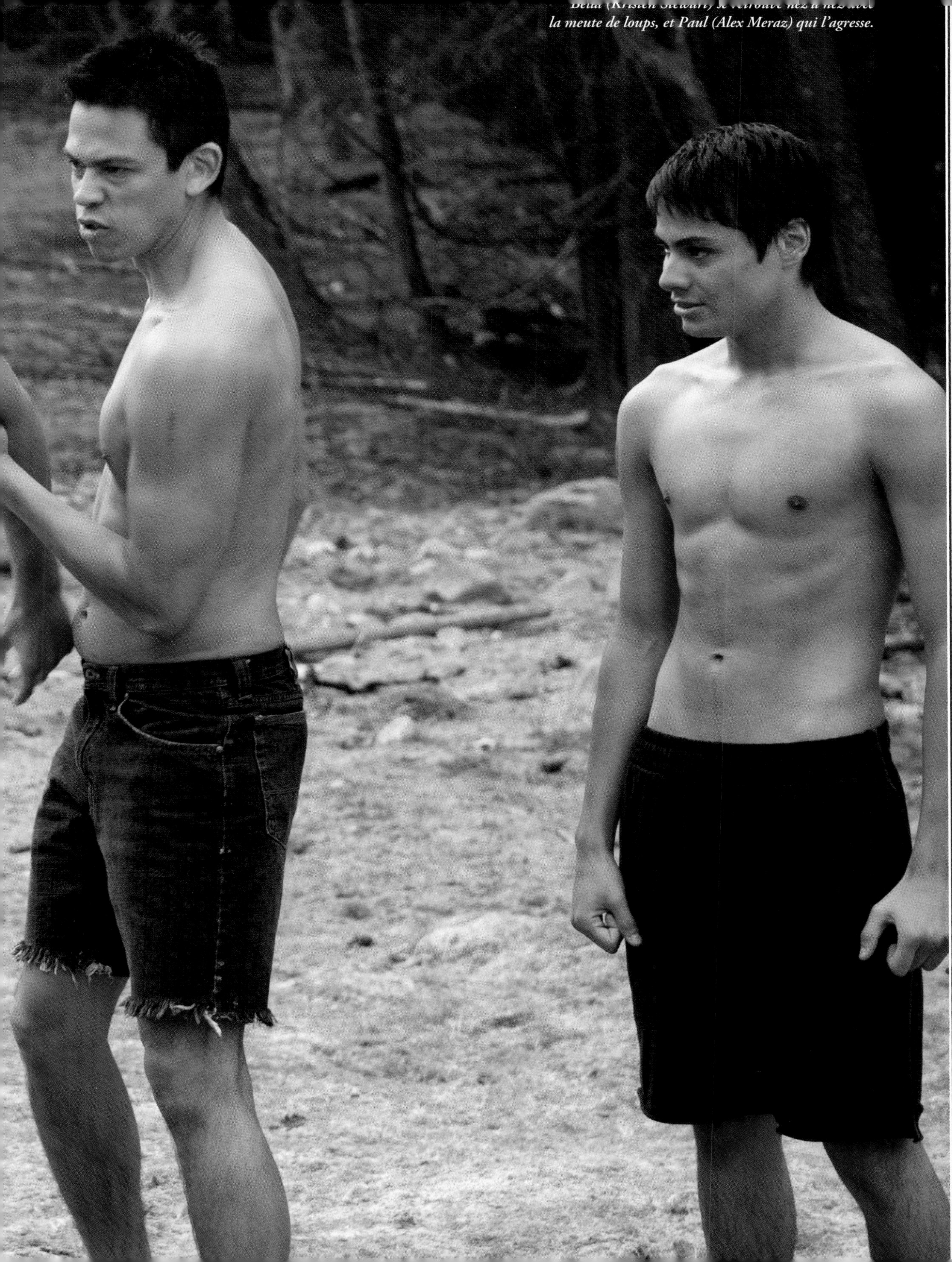

[redacted]
la meute de loups, et Paul (Alex Meraz) qui l'agresse.

Les loups-garous, d'après le roman de Stephenie Meyer, devaient être des loups grands comme de petits chevaux. «Quand je suis arrivée sur le film, créer les loups a été ma priorité numéro un», explique Susan MacLeod, responsable des effets visuels et productrice. «Le truc, c'est que ce sont de vrais loups qui marchent à quatre pattes, et pas des créatures anthropomorphiques avec des poils sur le visage et les mains. Ils peuvent se transformer d'humains en loups très rapidement. Cette métamorphose, c'est pas de la tarte à réaliser!»

Travailler sur les effets du film *Tentation* a permis à Chris Weitz de renouer avec de vieilles connaissances. Son équipe de *À la croisée des mondes*, en plus de Susan MacLeod, comportait Tippett Studio (qui avait également réalisé les loups en images de synthèse pour *La Boussole d'or*) et le responsable des effets visuels Mike Fink, un vétéran dans le domaine qui a reçu un oscar pour son travail sur ce film et a rejoint les rangs de Prime Focus. «Je me suis retrouvé sur une autre planète», raconte le réalisateur, en repensant au défi particulier que représentent les effets spéciaux. «Sur le tournage de *La Boussole d'or*, quand j'ai suivi tout le processus des effets visuels, du développement à l'aboutissement final, je me suis rendu compte qu'il s'agit d'un type de réalisation à part entière, connu de quelques spécialistes seulement, surtout à ce niveau d'exigence. En outre, la période de postproduction, qui consiste habituellement à rester assis et à méditer sur les scènes que vous allez couper ou garder, prend une autre dimension : même si vous n'effectuez plus de prises de vues derrière une caméra, vous fabriquez encore des plans! C'est une énorme révélation. Les effets spéciaux d'aujourd'hui sont en quelque sorte une école de cinéma contemporaine. »

En faisant appel à Tippett Studio pour créer les loups-garous, la production s'adressait à une entreprise de tradition. Phil Tippett a été récompensé par deux Emmy Awards et deux oscars. Son studio a récemment travaillé sur le monstre dans *Cloverfield* et l'écureuil Pip dans *Il était une fois*. «Le choix de Tippett Studio était une évidence pour moi. Ça fait une douzaine d'années que je travaille avec eux et leur point fort, c'est l'animation des personnages, indique Susan MacLeod. Ils étaient disponibles et intéressés, donc on ne pouvait rêver mieux. Phil était un pionnier de l'animation avant même les images de synthèse. »

Cette animation avant informatique dont parle Susan MacLeod est l'art vénérable du «stop motion», technique d'animation image par image toujours présente dans les films d'animation, mais qui était autrefois le seul moyen à disposition pour créer des créatures fantastiques dans des films d'action (comme l'antique monstre qui est le grand-père de tous les autres, King Kong). Tout a changé lorsque les dinosaures numériques de *Jurassic Park* ont fait leur apparition sur grand écran en 1993. Les anciennes marionnettes manipulées à la main ne pouvaient plus rivaliser avec le photoréalisme de l'animation graphique numérisée. À l'époque, Phil Tippett, qui avait travaillé sur *La Guerre des étoiles* et avait ensuite rejoint la fabrique de

> « ILS PEUVENT SE TRANSFORMER D'HUMAINS EN LOUPS TRÈS RAPIDEMENT. CETTE MÉTAMORPHOSE, C'EST PAS DE LA TARTE À RÉALISER ! »

Le réalisateur Chris Weitz, la responsable des effets visuels Susan MacLeod et Phil Tippett, de Tippett Studio.

créatures ILM, avait monté son propre studio et travaillait avec ILM au moyen de fusionner la technique du stop motion et la technologie numérique, pour animer ces dinosaures de synthèse. Depuis, Tippett Studio s'est fait une spécialité d'apporter de la texture à ses créations numériques, grâce à sa pratique et son métier.

Pour faire vivre les loups, il a fallu réaliser des «plates», ou plaques, c'est-à-dire l'imagerie photographique à laquelle seraient intégrées les créations numériques, pendant le tournage, aussi bien avec la première équipe de Weitz qu'avec la deuxième équipée chapeautée par Phil Neilson. Ces plaques ont été filmées avec une VistaVision, une caméra d'un format spécial très large, dont le négatif fait deux fois la taille d'un film 35 mm normal. (Ce procédé développé dans les années 1950 par Paramount s'est fait connaître avec le film *Noël blanc* en 1954. Abandonné par la suite, il a trouvé une nouvelle jeunesse dans les années 1970 avec la série des *Guerres des étoiles* et est devenu le format indispensable pour les effets visuels.) Susan MacLeod a d'abord mis sur pied une équipe spécialisée dans les prévisualisations pour développer les plans des loups. Pour savoir comment représenter Jacob, Sam, Paul, Embry et Jared en loups, cette équipe a étudié des photos dans des livres et sur Internet. «Nous avons commencé à repérer nos loups préférés et à les distribuer à chaque acteur. On prenait le corps de l'un avec le pelage de l'autre, et on faisait des copier-coller, explique Susan MacLeod. On a dû faire intervenir Tippett Studio pendant le tournage.» «Les raisons de notre présence sur le plateau ne manquent pas, confirme Matt Jacobs, co-responsable des effets visuels chez Tippett Studio. Comme nous travaillions avec des loups de la taille de chevaux, nous devions baliser les plans pour que le réalisateur, l'équipe de prise de vue et les acteurs sachent en face de quoi ils jouaient… Après tout, le loup n'est pas là pendant le tournage.»

Matt Jacobs

Des silhouettes de loups ont été utilisées sur le tournage pour indiquer l'emplacement du loup créé numériquement.

En guise de repérage visuel, les techniciens des effets spéciaux ont découpé des silhouettes de loups dans du carton et de l'aluminium, pesant environ dix à quinze kilos, et transportables grâce à un trou sur le côté ménagé à cet effet. Pendant les réglages caméra, on les déplaçait pour donner une idée basique de l'action. En plus de ces quatre silhouettes, on avait placé une tête de loup sur une perche qui jouait le rôle du cinquième et servait à simuler les actions dynamiques. « On prenait n'importe qui de disponible pour baliser les plans, remarque Matt Jacobs. Une fois qu'on avait les références en tête et qu'on avait répété, on retirait les faux loups et on filmait pour de vrai. Quand on est repartis dans nos ateliers, ces silhouettes de remplacement se sont révélées des références importantes pour nos animateurs. »

Le studio Tippett a également eu pour mission de récolter des données d'emplacement pour leur département de *matchmoving* (technique d'alignement du mouvement des caméras), afin que le travail de caméra numérique qui allait être éventuellement effectué sur les loups modélisés soit parfaitement synchrone avec les mouvements de caméra. Devin Breese, membre de ce département, était responsable des données et, à ce titre, utilisait un outil de géomètre pour enregistrer la topographie du site de tournage et tout marqueur éventuel. « De retour à l'atelier, nous pouvions faire correspondre les objectifs des caméras en alignant les marqueurs sur la plaque en arrière-plan, explique Ken Kokka, producteur Tippett pour le film. Les *matchmovers* sont des membres stratégiques dans notre processus. Ils injectent les données topographiques dans l'ordinateur pour créer un décor. »

« Monter des effets visuels, c'est à la fois amusant et assez bizarre, se rappelle le monteur Peter Lambert. Ils avaient tourné un plan de Bella en train de s'enfuir en courant et il y avait une plaque où on voyait simplement une zone vide à l'endroit où les loups étaient supposés se tenir. Ça peut paraître assez absurde (avant *compositing* avec un loup de synthèse). J'ajoutais des effets de sons temporaires, comme des hurlements et des grognements de loups, pour apporter un peu de vie. Les techniciens des effets visuels créaient une animation sur la base des timings et des angles que j'avais choisis, donc ils savaient qu'ils ne devaient pas animer une scène sur huit secondes, si on allait n'en utiliser que cinq. »

Pour peaufiner leur préparation, les artistes de Tippett ont étudié le mode de vie des loups, qui sont organisés en société très hiérarchisée : le mâle alpha domine les bêtas, généralement des chasseurs, et les omégas, en bas de l'échelle. « Sam est le mâle alpha de l'histoire, explique Matt Jacobs. C'est aussi le plus grand, il se transforme

« La haine que se vouent les loups-garous et les vampires remonte à des temps immémoriaux. Le traité est le point le plus important, Jacob le rappelle tout le temps aux vampires. Il y a cette scène à la fin de *Tentation* où Jacob, Bella et Edward se retrouvent ensemble, et où Jacob est chassé. Edward est sur le point de partir avec Bella et Jacob lui remémore une dernière fois les clauses du traité. »

— TAYLOR LAUTNER

en loup noir. Nous avons essayé de donner à nos modèles de loups les caractéristiques des acteurs. Par exemple, celui de Sam est un peu plus grand que les autres. Paul étant plus musclé, son loup est un peu plus costaud et agressif. Embry est plus fin et son loup est donc plus petit. On les a distingués par des couleurs et des marquages différents. Il était important pour nous de bien typer le loup de Jacob. Il est de couleur brun-roux, et dans l'animation on lui a donné un port noble et fier. »

En février 2009, des créateurs de Tippett sont allés voir des animaux réels. « Comme ils devaient créer des loups réalistes, mon but était que les responsables du département observent de vrais loups, explique Matt Jacobs. J'ai entendu parler d'un endroit, près de Los Angeles, appelé Wolf Mountain Sanctuary. Il s'agit d'un refuge où des loups sont recueillis, par exemple des louveteaux adoptés comme animaux domestiques, puis abandonnés quand ils grandissent. Des clans de loups cohabitent dans des enclos. »

Un de ceux à avoir tiré un profit inestimable de ce voyage est le responsable animation, Tom Gibbons. « Notre manière de fonctionner se

Quil (Tyson Houseman) et Embry (Kiowa Gordon).

« Jacob est surtout proche d'Embry et de Quil. Sam, Jared et Paul sont plutôt distants, et Jacob essaie de rester loin d'eux. Tout à coup, son meilleur copain Embry commence à traîner avec Sam et sa bande. Jacob ne comprend plus : qu'est-ce qui lui prend ? Peu après, Jacob se transforme à son tour et la lumière se fait. Il a des remords d'avoir pu douter de l'amitié d'Embry. Sam est le chef du clan, il est le premier à muter, suivi de Jared et Paul. C'est drôle, dans le livre, Jared n'est pas vraiment décrit comme un gai luron, mais Bronson (Pelletier) apporte ce côté intéressant au personnage, qui devient le rigolo de la bande. Je pense que le fait que nous, les acteurs, nous entendions si bien dans la vraie vie transparaît à l'écran. J'ai adoré ce que chacun a apporté à son personnage. »

— TAYLOR LAUTNER

Embry (Kiowa Gordon) après sa transformation, avec Jared (Bronson Pelletier).

Jared (Bronson Pelletier), Sam (Chaske Spencer), et Paul (Alex Meraz).

rapproche des débuts de Walt Disney, quand il demandait aux animateurs de s'asseoir dans une pièce et d'observer l'animal réel qu'ils allaient styliser. Nous commençons toujours à partir d'une base de réalité, qu'on doive fabriquer un robot géant ou un loup-garou. Jacob est notre héros, c'est le meilleur ami de Bella et il l'aime, alors quand il se transforme, il conserve cette connexion sentimentale avec elle. Pour ce film, nous nous sommes à la fois inspirés du comportement du loup gris et des personnages. »

Au refuge de Wolf Mountain, il y avait à la fois des loups gris et des loups arctiques qui se déplaçaient en bandes de trois à cinq individus. « Le comportement des loups est similaire dans toutes les espèces, et il était fascinant d'observer le langage social de la meute et de s'y intégrer », reconnaît Tom Gibbons. « L'idée, explique Phil Tippett, était que chacun comprenne mieux l'animal qu'il allait créer. Je suis convaincu que dans le travail d'animation, vous devez couler votre esprit dans celui du personnage », conclut-il.

Ken Kokka a pris en main les rênes de la production des loups. « Le modèle de base était le loup de Jacob, les autres étant des variantes élaborées à partir de lui, explique-t-il. Jacob, notre héros, est un loup fier et protecteur. Nous avons pensé à ces animaux en termes de personnages, et Chris et Susan ont été très clairs aussi à ce sujet. »

La « fabrication du loup » chez Tippett Studio intégrait toutes les étapes, depuis les « préviz » jusqu'à la création du modèle pour les

Sam trouve Bella dans les bois.

animateurs. Le département peinture peignait le pelage, les animateurs des effets créaient le mouvement des poils. Quant aux personnages de synthèse et leurs environnements, les directeurs techniques les ont intégrés en match-moving et compositing, avec l'éclairage approprié. Pour Nate Fredenburg, directeur artistique, le challenge que présentait la réplique d'une créature réelle consistait à trouver le juste milieu entre réalisme et effet dramatique. « Phil est plutôt du style à jeter le réalisme aux orties pour garder une image dynamique, préserver une charge dramatique, tout en privilégiant les personnages humains réels. »

Dans la phase de conception, Nate Fredenburg a créé des peintures en 2 D et des dessins destinés à guider les artistes, en particulier

« Les loups sont plus grands qu'on ne croit, 100 kg de muscles. Mais je me sentais beaucoup plus à l'aise avec eux qu'en croisant un chien errant dans la rue. »

— TOM GIBBONS

Le motif dessiné par Iesza Snowdon (bicolore et monochrome).

On a demandé au chef décorateur David Brisbin de proposer un motif de tatouage pour la meute de loups, dans l'esprit Quileute. Lorsque David Brisbin a rendu visite à la tribu dans l'État de Washington, il a entendu des tas d'histoires tirées du folklore Quileute et y a trouvé une source d'inspiration. « L'un des éléments qui m'a vraiment marqué était que les loups fonctionnaient par paire car ils puisent leur "force dans l'union", explique David Brisbin. C'était un concept qui s'adaptait tellement bien à notre histoire que je me suis précipité pour en parler à Chris (Weitz), qui a décidé d'envisager un motif avec un double loup. » La créatrice de tatouages de Vancouver, Iesza Snowdon, a été sollicitée pour la création d'un dessin avec des entrelacs. Elle a proposé six variantes aussi bien monochromes qu'en noir et rouge. Chris Weitz a opté pour un motif noir. Pour renforcer le concept d'unité, chaque membre de la meute arbore le même tatouage.

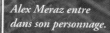

Alex Meraz entre dans son personnage.

avec des détails sur la couleur et la longueur des poils. Tout néophyte en matière d'animation 3D qui se serait penché par-dessus l'épaule d'un animateur pendant la phase d'élaboration des loups-garous n'aurait pas manqué d'être surpris par ce qu'il voyait à l'écran : des kilomètres de références visuelles de loup et des silhouettes de loup 3D en maillage se déplaçant sur une grille.

Jack Kim, responsable infographiste modélisateur sur *Tentation*, a élaboré le modèle 3D du «loup héros» de Jacob. «Ils ont intégré un système musculaire pour donner l'impression de muscles qui se contractent et s'étirent, et ne restent pas rigides, explique Matt Jacobs. Jack a défini au départ la longueur des poils et leur flux directionnel. Ensuite, notre logiciel de fourrure maison a habillé les loups. Après le département de modélisation, cette première ébauche de pelage s'est retrouvée entre les mains des peintres, chargés de la couleur et de l'aspect des poils, mais également de marquages spécifiques. Ainsi, dans le cas de Jacob, le loup est de couleur rousse, avec

une espèce de masque de bandit autour des yeux. Les peintres ont également ajouté des caractéristiques à la fourrure. Par exemple, s'il pleut, les touffes de poils se collent. Ils ont affiné le look, avant de transmettre le loup à la section éclairage et aux directeurs techniques.

Nous avons également lancé des simulations par procédure pour créer des caractéristiques d'animation secondaires. Par exemple, si un loup sautait d'une bûche pour retomber sur le sol, il fallait voir son pelage onduler en réaction à la puissance du saut… Pour obtenir cette animation secondaire, nous avons placé une coquille externe sur le loup. Elle était invisible, mais entourait le loup et créait du mouvement et du ressort au bout des poils, pour un rendu de mouvement plus naturel.»

Tom Gibbons, qui a supervisé le travail de près de dix animateurs sur environ soixante plans de loups-garous, voulait éviter d'être *trop* réaliste. «Quand un loup retrousse vraiment ses babines et montre les dents, nous les humains, nous avons

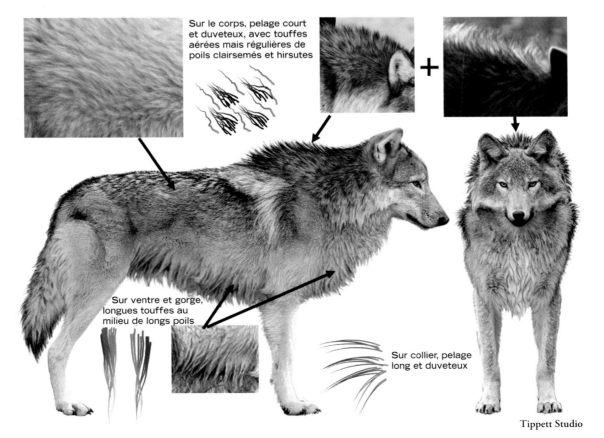

Sur le corps, pelage court et duveteux, avec touffes aérées mais régulières de poils clairsemés et hirsutes

Sur ventre et gorge, longues touffes au milieu de longs poils

Sur collier, pelage long et duveteux

Tippett Studio

« Comme ils se battent contre des vampires, quelle taille donner à leurs pattes et à leurs griffes ? Quelle longueur donner à leurs dents pour rester crédible ? Si l'on sait s'inspirer de dame nature et observer les animaux réels, les réponses viennent naturellement. »

— NATE FREDENBURG

Le loup final numérisé inséré dans la scène.

Tippett Studio

Tippett Studio

Modèle de loup inséré dans la scène.

une réaction viscérale et primitive de notre cerveau reptilien qui nous fait penser : "Ouh là là, arrière toutes!" Nous avons essayé de trouver un juste milieu, car un loup qui montre les dents peut avoir l'air vraiment démoniaque. Nous avons demandé à la scénariste d'y réfléchir, car ces loups ont un rôle de sentinelles qui protègent les humains. Nous ne pouvions pas les rendre trop agressifs comme elle l'avait écrit, et cette réflexion a fait partie de notre collaboration. »

Pour finaliser l'illusion de loups surnaturels vivant dans un environnement réel, des éléments interactifs ont été créés par ordinateur et insérés dans l'image finale, notamment des branches bousculées par le passage d'un loup, ou des bouts de bois et des éléments au sol trahissant le poids de ces créatures aussi grandes que des chevaux.

Une première scène dramatique de la transformation de Jacob montre l'acteur qui s'élance dans un bond spectaculaire et retombe sur le sol dans la peau d'un loup-garou de synthèse. Pour le tournage de la scène, le coordinateur des cascades, J.J. Makaro, n'a eu qu'à se féliciter d'avoir Taylor Lautner entre les mains. «Taylor est un gosse très doué au niveau physique, il est très bon en arts martiaux, bouge bien et connaît son corps. Nous avons exploité ses talents dans tout le film.» L'acteur était équipé d'un harnais qui comportait des points d'ancrage pour les câbles, de sorte que l'équipe des cascades pouvait le «faire voler» (les câbles étaient ensuite effacés numériquement). «Ça, on ne pouvait pas le recréer en studio, note J.J. Makaro. Nous faisions les prises de vue dehors. En général, il y avait deux grues entre lesquelles des filins étaient tirés ; on y attachait des poulies et une roue à rochet, fonctionnant comme un poids-mort pneumatique, pour vous propulser dans les airs.»

Pour la cascade où Jacob saute au-dessus de Bella lorsqu'il se transforme, il fallait non seulement que l'acteur réussisse son départ, mais qu'il se fige en l'air, là où il se transformerait instantanément en loup-garou. On a utilisé un réseau de câbles pour ralentir l'acteur et l'aider à rester suspendu en l'air, mais la composante temps était également à prendre en compte. «Il fallait que nous fassions passer Taylor au-dessus de Kristen Stewart, ce que nous avons calculé, mais selon un timing qui lui permette de prendre suffisamment de hauteur par rapport à elle, explique J.J. Makaro. Taylor devait donner une impulsion pour s'envoler et s'il ne partait pas du bon endroit, ça pouvait coincer : il risquait de heurter Kristen de plein fouet. Après avoir répété, il a réussi un sans faute. On aurait dit qu'il était fait pour ça… Il ferait un super cascadeur!»

«Quand Jacob se transforme en loup-garou, Chris voulait que le visage de Jacob prenne une expression assez dramatique lorsqu'il est en l'air, raconte Susan MacLeod. J'ai dit que ce serait super de le câbler, de le faire sauter en l'air, de l'arrêter et que nous le transformerions. Nous avons réalisé une prévisualisation de cette scène, car beaucoup de choses se produisent en même temps : la caméra doit effectuer un travelling arrière de six mètres à la seconde sur son axe z pour suivre le saut dans l'air, tout en prenant une vue panoramique en contre–plongée pendant que la cascade se produit à ce moment précis.

Tippett Studio

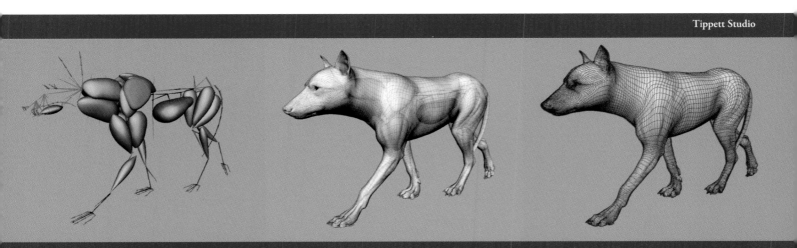

La progression du modèle informatisé, depuis le système des muscles jusqu'à la grille de repérage des poils du pelage.

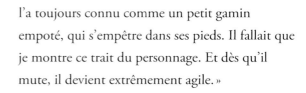

« La particularité de Jacob, c'est qu'il est le seul à muter d'un seul coup. Je portais un harnais et des câbles pour le moment où je décolle et saute par-dessus Bella, et ils m'arrêtaient brutalement en plein vol (il fallait que je reste parfaitement immobile) parce qu'à ce moment-là, ils transforment mon corps humain en corps de loup. Je suis là, un simple humain, je cours et je m'envole dans les airs… et tout à coup, pouf ! mes habits se déchirent, et j'atterris par terre en loup. »

— TAYLOR LAUTNER

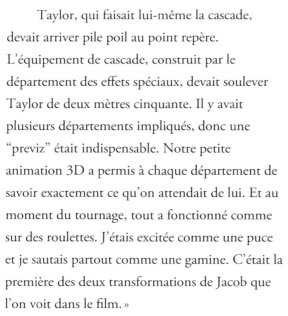

Taylor, qui faisait lui-même la cascade, devait arriver pile poil au point repère. L'équipement de cascade, construit par le département des effets spéciaux, devait soulever Taylor de deux mètres cinquante. Il y avait plusieurs départements impliqués, donc une "previz" était indispensable. Notre petite animation 3D a permis à chaque département de savoir exactement ce qu'on attendait de lui. Et au moment du tournage, tout a fonctionné comme sur des roulettes. J'étais excitée comme une puce et je sautais partout comme une gamine. C'était la première des deux transformations de Jacob que l'on voit dans le film. »

« J'ai pratiqué les arts martiaux pendant environ huit ans, déclare Taylor Lautner, ce qui m'a aidé dans les cascades. Ce qui est drôle avec Jacob, c'est que de base, il est très maladroit. Bella l'a toujours connu comme un petit gamin empoté, qui s'empêtre dans ses pieds. Il fallait que je montre ce trait du personnage. Et dès qu'il mute, il devient extrêmement agile. »

Tippett Studio en était encore aux prémices de la transformation numérisée de Jacob, lorsque la date de présentation de la bande-annonce de *Tentation* a été avancée pour que celle-ci puisse être dévoilée aux MTV Movie Awards de juin 2009. Le producteur délégué Kip Larsen de Tippett Studio se rappelle que la production leur a demandé le 17 avril s'ils pouvaient livrer un loup numérisé d'ici le 22 mai. La décision d'accepter a été prise cinq jours plus tard, ce qui laissait un mois de travail. « Nous avions à peine attaqué la fabrication de notre loup début mars, donc nous étions dans nos petits souliers lorsqu'ils ont avancé la date du lancement de la bande-annonce, reconnaît le producteur Ken Kokka. Mais nous avons uni nos forces et réussi ce challenge. En fait, la date butoir a servi de repère à tout le monde, ça nous a forcés à donner le meilleur de nous-mêmes et tout le processus a été accéléré. »

« Il nous restait encore beaucoup de questions à régler, comme la vitesse de transition lors des transformations humain-loup, ajoute Phil Tippett. Vu l'urgence, nous n'avons pas pu affiner les détails, comme la vapeur qui s'échappe des animaux, ou la sueur, tous ces détails qui apportent de la vie à un plan. On a remis tout ça à plus tard. La bande-annonce a servi de répétition générale. » « Pour la transformation, le réalisateur ne voulait pas quelque chose de lent, mais quelque chose d'instantané et d'explosif,

indique Nate Fredenburg. C'est un mouvement assez fluide, il faut huit à dix images. »

« La production nous a fourni la "plaque" Vista-Vision pour le recadrage, qui incluait tous les acteurs, explique Larsen. Pour son saut, Jacob était rattaché à un câble. Ce dernier a été supprimé numériquement de la plaque, et nous avons également remplacé l'acteur par une version numérisée de lui-même trois images avant son saut. La transformation d'humain en loup se produit dans les airs, grâce à des images de synthèse de l'acteur et du loup. » Quelques semaines après le salon MTV, Ken Kokka a reçu une alerte par e-mail l'informant que la bande-annonce avait été téléchargée environ dix millions de fois. « Ça nous a ouvert les yeux, constate-t-il. C'était un véritable phénomène, nous vivions un happening culturel. »

Jacob récupère après avoir passé la nuit à courir les bois en tant que loup.

Une nuit sans lune

Robert Pattinson dans le rôle d'Edward Cullen.

*Laurent (Edi Gathegi)
est de retour et il a faim.*

*T*entation plonge un peu plus profondément dans le monde des vampires, ce qui a donné aux artisans du film l'opportunité de l'explorer avec un nouveau regard. Dans *Tentation*, la créatrice des costumes Tish Monaghan a modifié le look des Nomades, Laurent et Victoria. «Notre réalisateur voulait un look plus élégant, moins rock and roll décadent», explique la costumière.

La différence stylistique par rapport au premier film s'expliquerait facilement : Laurent et Victoria portaient les vêtements de leurs victimes. «On sait que Victoria et Laurent sont d'humeur sanguinaire, raconte Tish Monaghan. Nous voulions que leurs costumes soient cohérents avec l'histoire, mais aussi ressortent bien à l'écran et collent à l'univers de couleur choisi. Pour Victoria, on a adopté un look plus stylé, pas trop terre à terre. Quant à sa "silhouette", autrement dit la forme que prennent ses habits autour de son corps, je recherchais de la fluidité, parce qu'elle court à travers les bois et plonge dans l'eau, et je voulais qu'on voie du tissu flotter derrière elle, pour indiquer le mouvement.» Pour

Laurent, l'acteur Edi Gathegi a demandé s'il pouvait rester torse nu sous sa veste, comme dans *Twilight*. Mais la créatrice de costumes a décidé d'échanger la vieille veste en cuir du personnage contre une parure plus classe. «Le tournant a été radical pour Laurent. Je me suis tournée du côté des modèles fashion et des lignes italiennes pour l'inspiration.»

Le maquillage de Laurent aussi a évolué. «Je caressais l'idée qu'il ressemble davantage à un vampire à la peau pâle, contrairement à ce que nous avions vu la première fois», explique Hill-Patton. Du côté des effets visuels, de gros «effets vampire», comme les a baptisés Susan MacLeod, ont également été ajoutés. «Même si on ne pouvait pas créer de vampires numérisés à cause du manque de temps, nous avions la volonté d'accentuer leur nature surnaturelle par l'illusion d'une super vitesse, et de le faire sous l'œil de la caméra. J'ai récupéré des références d'effets de vitesse et monté une bobine, mais le résultat n'était pas à la hauteur, c'était plutôt ridicule et saccadé. En revanche, on a adoré le ralenti, qui était très évocateur et procurait une

impression d'hyperréalité. Le ralenti vous transposait dans leur monde. » Pour obtenir un ralenti, il faut tourner à une vitesse d'images nettement supérieure au traditionnel 24 images par seconde. « En préproduction, on a réalisé un test, raconte Susan MacLeod, qu'on a partagé avec la production, notamment la deuxième unité chargée de filmer les cascades et les scènes d'action. On a trouvé une recette pour la vitesse des vampires. La règle de base consistait à filmer à 96 images par seconde, ce que ne permettait pas toujours la lumière, surtout dans la forêt. Donc, au minimum, on tournait à 48 images par seconde. »

Le retour de Bella dans la clairière, où elle avait été pour la première fois subjuguée par la peau scintillante d'Edward tourne au cauchemar quand Laurent apparaît, l'eau à la bouche devant la chair sucrée de cette mortelle, jusqu'à ce que Jacob, accompagné de sa meute de loups, se précipite pour la sauver.

« Nous avions prévu de tourner la scène de la clairière en commençant par un travelling en Steadicam sur Bella, puis de passer en

360 degrés sur Laurent, explique Aguirresarobe. La lumière naturelle a varié en intensité pendant la séquence qui durait une minute, mais malgré quelques difficultés, j'ai eu de la chance avec la météo et le timing, et j'étais très satisfait du résultat. » Le décor de la clairière est devenu le symbole de la difficulté à tourner dans une région au climat quelquefois imprévisible. Bien que Vancouver soit loin de détrôner Portland en matière d'histoires climatiques horribles ruinant un tournage, il est arrivé des moments où la production a dû faire appel à ce que le producteur exécutif Bill Bannerman appelle le « Plan B ».

« Garder un suivi climatique était un défi sur ce film, explique ce dernier. En plus, la signature météo *Twilight* est très importante, il faut un temps couvert et humide, car les vampires ne peuvent pas s'exposer aux rayons directs du soleil. Il faut donc se préparer aux imprévus qui peuvent modifier les plans de tournage cinq fois au cours d'une même journée. Par exemple, nous avions une scène dans la clairière printanière, qui était censée être luxuriante, enfouie sous la végétation. Évidemment, le jour J, il tombait des cordes, puis il s'est mis à neiger non-stop pendant trois heures.

Sans se laisser abattre, la production a remballé son matériel et est passée en une heure au Plan B : un entrepôt à une encablure de la clairière, où la camionnette de Bella était montée sur une estrade contre un écran vert. En dépit de la neige, la production n'a pas perdu sa journée et a filmé Taylor et Kristen en train de rouler vers les falaises de La Push (on a fait du bricolage, en rajoutant par la suite l'environnement qu'ils sont censés traverser). J'ai des plans B, C, D et E ! Il faut simplement garder son sang-froid et ne pas paniquer. Plus vous avez d'expérience, plus vous pouvez anticiper le moindre scénario catastrophe. Je respecte à la lettre un conseil que m'a donné une fois un professeur : sans anticipation, aucun film n'est possible ! »

La présence de Victoria, telle une épée de Damoclès suspendue au-dessus de la tête de Bella, reste menaçante pendant tout le livre. Elle est recherchée lors d'une battue organisée par Charlie par un groupe qui est loin de se douter qu'il fait la chasse à un vampire sans foi ni loi. Les scènes ont réellement été tournées en forêt, et l'actrice Rachelle Lefevre s'est portée volontaire pour toutes les cascades volantes que

« Dans le film, Victoria attend son heure en coulisse. Il serait intéressant d'étudier son parcours psychologique, car elle a perdu son compagnon et c'est la raison pour laquelle elle veut me tuer. C'est un peu comme si elle se disait : "Il n'y a pas de raison qu'Edward ait Bella si moi, je n'ai plus James", donc elle est à ma poursuite. Il y a beaucoup de points de vue dans la forêt, comme si j'étais sous surveillance constante. Dieu merci, Jacob est un loup-garou et pas juste un copain sympa, parce que c'est lui qui me sauve la vie quand Edward est loin. »

— KRISTEN STEWART

Rachelle Lefevre revient dans le rôle de Victoria.

l'équipe de J.J. Makaro a pu imaginer, pour les bonds fantastiques que réalise son personnage d'arbre en arbre. « Tous les acteurs de ce film voulaient faire ce que font leurs personnages et autant de cascades que je les autoriserais à faire. Ils se sont tous donnés à 100 %, affirme J.J. Makaro. Pour le personnage que joue Rachelle, on tournait dans la forêt et elle devait s'élever entre trois mètres cinquante et six mètres. On ne voulait pas qu'elle flotte dans les airs, mais qu'elle s'envole d'un arbre et vole suffisamment près de l'arbre suivant pour pouvoir l'attraper. Mais on était sur le fil du rasoir et elle pouvait se cogner plutôt fort chaque fois qu'elle arrivait sur un arbre. Rachelle s'est pris de bons bleus pour l'équipe. Elle avait une doublure cascade phénoménale et elles testaient tout. J'avais donné à Rachelle une échelle de difficulté de un à dix, un étant une ballade dans le parc et dix, la dernière cascade qu'elle n'avait pas trop aimée. Je lui disais : "Là, on a un niveau sept." Elle me répondait simplement : "Harnache-moi." Ce qu'elle faisait était vraiment impressionnant. »

«Je pense vraiment que les loups-garous ont des préjugés contre les vampires. Surtout Jacob, à cause d'Edward Cullen, l'homme qui a la fille dont il est amoureux. Mais je dois reconnaître que les Cullen sont des vampires plutôt sympas.»

— TAYLOR LAUTNER

« En ce qui concerne les Cullen, le nouveau réalisateur trouvait que leur monde (tel qu'il était présenté dans *Twilight*) se distinguait trop, au niveau des couleurs, du reste des habitants de la ville, explique la créatrice des costumes Tish Monaghan. Il voulait conserver cette dominante froide et grise, mais en bousculant très légèrement la palette de couleur. Il m'a demandé d'abandonner les teintes pastel, pour m'orienter vers des gris et des bleus. Bien sûr, les acteurs avaient déjà beaucoup réfléchi avec la précédente équipe de costumes et de maquillage, et le studio était content de leur apparence globale, donc je me suis arrangée pour satisfaire à la fois les vœux de Chris et honorer le travail précédent. »

Le look des Cullen eux-mêmes est resté globalement fidèle à l'esprit du premier film, avec une légère retouche de maquillage par Norma Hill-Patton, maquilleuse personnelle d'Halle Berry sur ses films. « Lorsque vous travaillez avec un acteur ou une actrice comme maquilleuse personnelle, révèle-t-elle, vous devenez très proche de l'artiste, vous êtes son confident, son ami, son thérapeute, son soutien. C'est une bonne chose pour eux d'arriver le premier jour sur le plateau, de s'asseoir et de n'avoir rien à expliquer. Vous connaissez si bien leur visage, ce qui fonctionne ou non, ce qu'ils aiment ou non. Il est important de bien connaître tous les acteurs, mais ils sont entourés de tant de monde, y compris les gens du maquillage et de la coiffure, que vous devez être en empathie avec chacun, y compris quand vous choisissez une musique à écouter.

Le réalisateur et moi recherchions un effet plus translucide sur la peau des vampires, poursuit Norma Hill-Patton. Les Cullen, comme tous les personnages de vampires, ont une peau très pâle, mais je ne voulais pas que leur lividité détonne trop par rapport à Monsieur Tout-le-monde, ce qui n'aurait pas été crédible. Après une somme de recherches et l'examen de tonnes de produits et de crèmes, j'ai trouvé la couleur idoine. Je recherchais à la fois une teinte, une harmonie et une bonne tenue, car les acteurs devaient porter leur maquillage par tous les temps. J'ai commencé

Alice et Bella deviennent des amies proches dans Tentation.

*Peter Facinelli
dans le rôle du
Dr. Carlisle Cullen.*

« LES CULLEN, COMME TOUS LES PERSONNAGES DE VAMPIRES, ONT UNE PEAU TRÈS PÂLE, MAIS JE NE VOULAIS PAS QUE LEUR LIVIDITÉ DÉTONNE TROP PAR RAPPORT À MONSIEUR TOUT-LE-MONDE, CE QUI N'AURAIT PAS ÉTÉ CRÉDIBLE. »

*Jackson Rathbone
et Ashley Greene
dans les rôles
de Jasper Hale
et Alice Cullen.*

*Nikki Reed et Kellan Lutz dans les rôles
de Rosalie Hale et Emmett Cullen.*

**Elizabeth Reaser
dans le rôle
d'Esmé Cullen.**

*Robert Pattinson
dans le rôle
d'Edward Cullen.*

103

par poser deux couches de fonds de teint différents, l'une sur l'autre, pour donner de la profondeur et ne pas obtenir un teint uniforme. Nous avons fixé le maquillage à l'aide d'un spray professionnel pour éviter qu'il ne coule. »

Le styliste coiffure Thom McIntyre, dont on peut admirer le travail dans des films comme *Sept ans au Tibet, La neige tombait sur les cèdres* et *Paycheck*, a travaillé en étroite collaboration avec Norma Hill-

Patton. « Sur *Tentation*, nous n'avions pas les coudées franches, à cause de ce qui avait été fait sur le premier film, mais nous devions quand même faire passer la vision de Chris et de Stephenie, et puis il y avait de nouveaux personnages, indique Thom McIntyre. Le maquillage des vampires était fondamental et leur coiffure devait venir en complément. » Le styliste indique qu'un « énorme travail de perruque » a été réalisé. Par exemple, Nikki Reed, dans le rôle de Rosalie, qui s'était décoloré les cheveux pour *Twilight*, a été affublée d'une perruque aux longs cheveux blonds dans la nouvelle production. Les dreadlocks du vampire Laurent appartenaient à une perruque industrielle de cheveux synthétiques dans le premier film, mais provenaient cette fois de vrais cheveux. Stacey Butterworth, perruquier et maillon important de l'équipe de Thom McIntyre, avec Gina Sherritt et Paul Edwards a fabriqué chaque perruque à la main.

La technique consiste à commencer par

« PLUS ON VOIT ROB PATTINSON, MIEUX C'EST. »

Robert Pattinson a tourné beaucoup des scènes de Kristen Stewart, mais avec un fond vert pour qu'on puisse rajouter la vision de Bella ultérieurement.

dessiner l'implantation des cheveux d'un acteur, puis à créer une base en tulle, dans les trous de laquelle on implante des cheveux de différente couleur. Après avoir bien aplati les propres cheveux de l'acteur selon les besoins, on colle la perruque en place. « Une fois que la perruque est fabriquée, on la coiffe et on la coupe tous les jours, comme si c'étaient des cheveux naturels, explique McIntyre. Le soir, on nettoie le tulle et on pose la perruque sur un support pour qu'elle conserve la forme de la tête. »

Pendant tout le film, les moments de témérité de Bella déclenchent la présence spectrale d'Edward, une influence bénéfique qui l'incite à s'éloigner du danger. « Le cinéma est un média

visuel, et plus on voit Rob Pattinson, mieux c'est! Donc, l'idée, c'était non pas juste de l'entendre, mais aussi de le voir, explique Susan MacLeod. Comme c'est une innovation par rapport au roman de Stephenie Meyer, il a fallu improviser. Le terme "apparition" évoque pour moi la fluidité. Je pensais à de l'eau et Chris a songé à des flammes, par exemple Edward portant une torche pour Bella : une image qui a tout de suite fait tilt. Une flamme est dotée d'un mouvement élégant et fluide. Nous sommes partis de cette idée et nous avons sélectionné beaucoup d'images de flammes, que j'ai ensuite transmises à Prime Focus. »

Pour réaliser l'effet lui-même, Robert

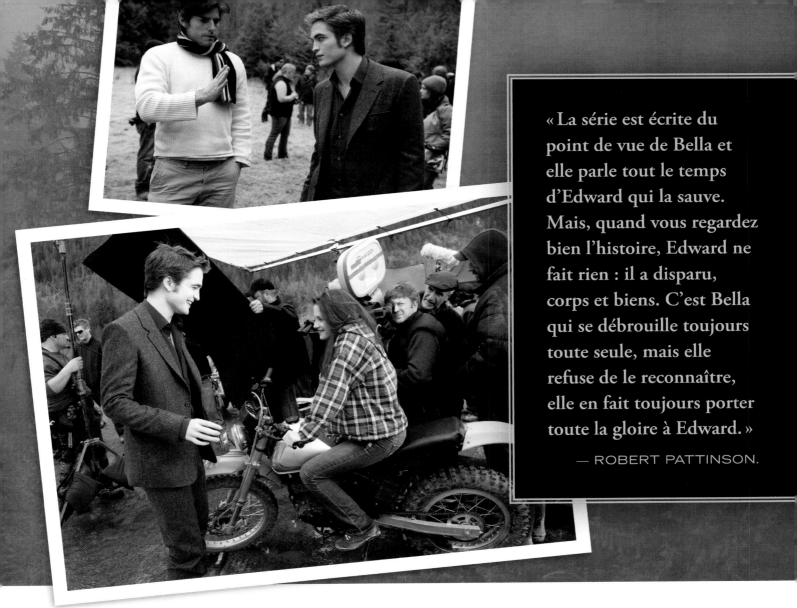

Pattinson a été filmé contre un fond vert, puis l'image résultante a été composée avec les scènes d'action live et manipulée jusqu'à l'obtention de l'effet voulu. « Il nous a fallu créer cette espèce de modulation subtile, indique le responsable des effets visuels Eric Pascarelli. Dès le début, nous avons décidé avec Susan d'éclairer avec un grand soin le fond vert pour que la lumière corresponde à celle de la plaque d'arrière-plan, et éviter tout décalage chromatique. Comme certains des plans n'étaient pas fixes, nous avons dû filmer les plaques sur des chariots de travelling et des caméras manuelles, puis appliquer la technique de match-moving et générer un fichier Motion Control pour qu'on puisse filmer le fond vert d'Edward par un mouvement de caméra identique. »

« Dans les 90 % du film, Robert Pattinson apparaît dans la tenue qu'il porte pour la soirée d'anniversaire de Bella, explique la créatrice des costumes Tish Monaghan. C'est un costume de tweed gris, avec des petites touches de marron, bleu et vert. Je voulais un tissu d'une qualité qui évoque l'ancien temps. À la base, il s'agit d'un vêtement qu'il aurait pu porter avant de devenir un vampire, nous souhaitions que cette notion transparaisse un peu.

Lorsqu'il disparaît, il éprouve aussi du chagrin, mais on ne le voit pas à l'image. Dès la première hallucination de Bella, il porte

ce costume, car c'est l'image qu'elle a gardée de lui avant son départ. »

Edward a un plan pour se suicider : il veut aller défier directement les Volturi, en se rendant dans leur repaire secret de la cité italienne de Volterra. Il prévoit de s'exposer en pleine lumière au milieu de la place principale, à midi, pour que les rayons du soleil révèlent sa véritable nature aux habitants de la ville. Il y a plusieurs scènes dans le film où l'aspect scintillant de la peau d'Edward apparaît, notamment dans un flashback sur la scène de la clairière de *Twilight*, comme le remarque Eric Pascarelli. Prime Focus devait créer cet effet, qualifié de « diamond guy » (l'homme aux diamants) par Susan MacLeod. On réinterpréterait ce qu'on avait vu dans le premier film. Cet effet a permis, comme l'apparition, une autre exploration créatrice subjective.

« On n'était pas trop sûr de l'effet de l'homme aux diamants, parce que c'est quelque chose qu'on n'a jamais vu de notre vie, admet Susan MacLeod. J'ai donc réuni plein d'images de neige, de glace et de marbre. Nous savions qu'il nous faudrait un effet 3D qui collerait exactement à la tête de Rob pour éviter tout décalage avec ses mouvements de tête. On l'avait déjà scanné pour le premier film, mais le corps évolue, alors on l'a rescanné pour *Tentation*. Rob est déjà très beau, mais on voulait le rendre sublime dans les scènes où il brille, comme la neige au soleil. »

« À partir du scan du visage, du cou et du torse de Robert Pattinson, nous avons créé une image de synthèse du vrai Edward, explique Pascarelli. Nous devions "pister" chaque mouvement de caméra, puis faire coïncider les mouvements de l'Edward numérisé avec le vrai Edward. Pour l'effet diamants, les animateurs ont défini un maillage de points, sur lesquels des étincelles s'animaient en fonction des mouvements de l'acteur. Il ne s'agissait pas d'un effet de scintillement, mais vraiment d'un travail de précision, ces bouts de diamant… Il fallait positionner les bons marqueurs pour fixer cet effet diamanté sur son visage. Chaque particule apparaît plus lumineuse, ce que j'appelle la "puissance de la balistique", comme un phare dans la nuit noire qui s'éclaire d'un seul coup et vous éblouit. »

« ROB EST DÉJÀ TRÈS BEAU, MAIS ON VOULAIT LE RENDRE SUBLIME DANS LES SCÈNES OÙ IL BRILLE, COMME LA NEIGE AU SOLEIL. »

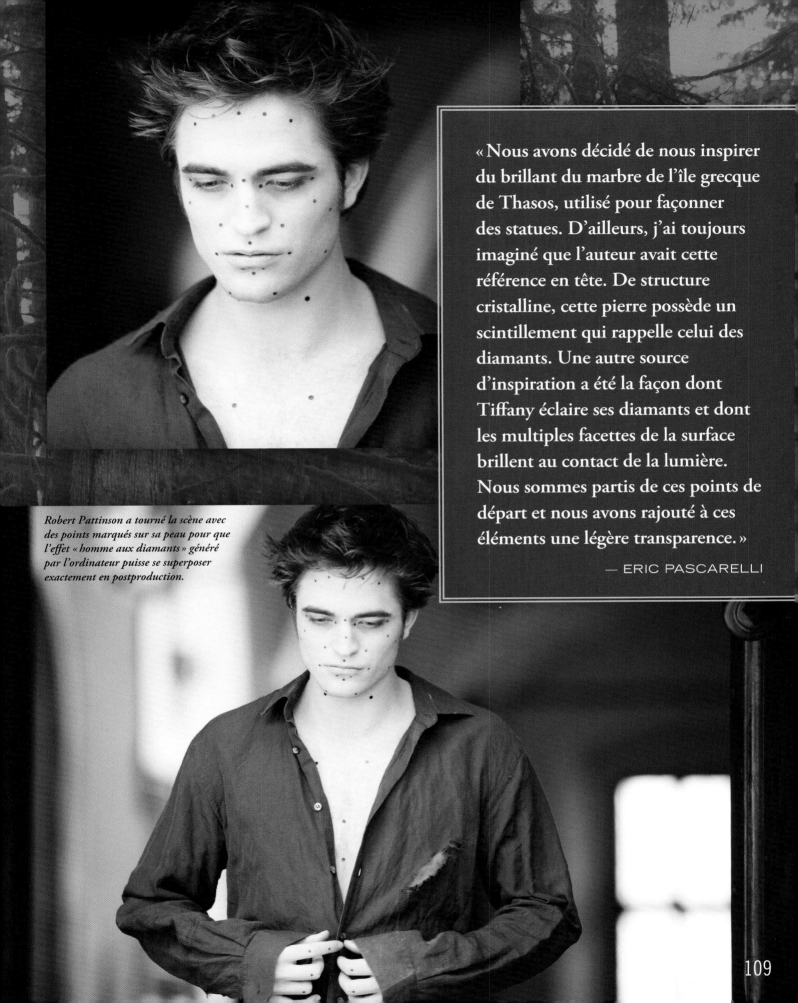

> « Nous avons décidé de nous inspirer du brillant du marbre de l'île grecque de Thasos, utilisé pour façonner des statues. D'ailleurs, j'ai toujours imaginé que l'auteur avait cette référence en tête. De structure cristalline, cette pierre possède un scintillement qui rappelle celui des diamants. Une autre source d'inspiration a été la façon dont Tiffany éclaire ses diamants et dont les multiples facettes de la surface brillent au contact de la lumière. Nous sommes partis de ces points de départ et nous avons rajouté à ces éléments une légère transparence. »

— ERIC PASCARELLI

Robert Pattinson a tourné la scène avec des points marqués sur sa peau pour que l'effet « homme aux diamants » généré par l'ordinateur puisse se superposer exactement en postproduction.

Les Sang-très-froid

Les trois chefs des Volturi, de gauche à droite :
Marcus (Christopher Heyerdahl), Aro (Michael Sheen)
et Caius (Jamie Campbell Bower).

Le premier aperçu que Bella a des Volturi provient d'une peinture des Cullen, qui représente les vampires aristocrates dans les années 1800, debout sur un balcon et regardant de haut «une scène d'orgie», selon les termes d'Eric Pascarelli. Dans un de ces raccourcis magiques que permet le grand écran, la caméra entre dans la scène du tableau et remonte dans le passé. «Nous avons filmé les acteurs Volturi sur un balcon, ce qui correspondait à la moitié supérieure du tableau, explique Eric Pascarelli. Nous avons sélectionné une image, à partir de laquelle nous avons généré un tableau. Cette prise de vue a été très complexe pour nous, car il fallait que le mouvement de la caméra pénétrant dans le tableau s'adapte parfaitement à ce tableau encadré verticalement et fournisse une transition parfaite avec l'action live.» Les Volturi auraient droit à deux jeux de vêtements, un pour cette scène des années 1800 et un pour l'époque contemporaine. Chacun soulignerait la hiérarchie sociale du clan, Aro, l'un des trois «Anciens», avec Caius et Marcus, se situant au sommet. «Pour leur look XVIIIᵉ siècle, j'ai opté pour les débuts du costume moderne, avec un manteau ajusté jusqu'au genou, explique Tish Monaghan.

Ils portent des culottes avec de longs bas et des chemises en mousseline avec un foulard autour du cou. Aro porte la tenue la plus claire, contrairement à ce qui se passe dans le monde contemporain, où le noir est la marque de son statut et de sa puissance. Comme l'écrit Stephenie Meyer : "Aro était le plus sombre." Après Aro vient Jane, puis les gardes Demetri et Felix, que j'ai habillés de gris tirant vers le noir. Je les ai imaginés dans des robes de juge car c'est la fonction qu'on leur voit occuper au XVIIIᵉ siècle. Lorsque la peinture prend vie dans le film, ils se détournent et empruntent un corridor pour aller juger un vampire gredin. Leurs robes sont suspendues au dos des fauteuils et ils les revêtent. C'est la façon dont ils sont habillés lorsqu'Edward les rencontre. Ils sont assis dans leurs robes de juge et nous pouvons voir leurs habits en dessous. J'ai essayé de rechercher les premiers habits de ce type en Toscane. Aro, lui, ne porte pas de robe, mais simplement un costume tout noir.»

«Les Volturi ont eu deux mille ans pour devenir un peu fous, réfléchit Chris Weitz. Ils ont tout un passif, dans la mesure où ils se sont retirés dans une vie de contemplation et qu'ils s'occupent de maintenir l'ordre dans l'univers des vampires.

«Je pense que deux mille ans de vie ont légèrement perturbé les Volturi, ils se complaisent à se voir comme des demi-dieux et témoignent d'une attitude perverse par rapport à la vie humaine.»

— CHRIS WEITZ

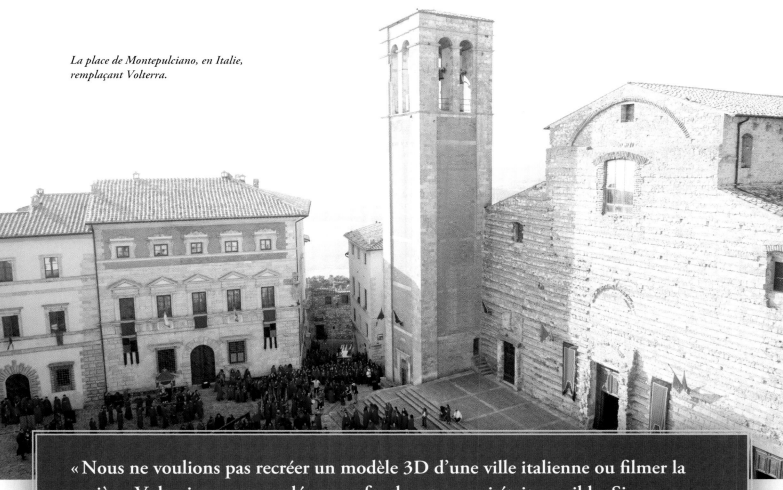

La place de Montepulciano, en Italie, remplaçant Volterra.

« Nous ne voulions pas recréer un modèle 3D d'une ville italienne ou filmer la tanière Volturi comme un décor sur fond vert, ce qui était possible. Si vous ne pouvez pas être réaliste, le public s'en rendra compte. Nous avons donc construit l'intérieur des Volturi en studio à Vancouver et tourné les extérieurs directement en Italie, à Montepulciano, ce qui apporté une texture extraordinaire qu'aucune infographie ne permettrait, aussi bonne soit-elle. Il y a quelque chose dans les environnements existants dans l'espace réel qui n'échappe pas aux humains, même s'ils les voient par le truchement d'un écran 2D. »

— CHRIS WEITZ

Leur petit personnel s'acquitte de leurs basses besognes à l'extérieur, et il est rare que l'un des trois anciens quitte son sanctuaire. Il en résulte qu'ils sont plus pâles que les autres, et beaucoup moins enclins à la violence, bien qu'ils soient dangereux. »

Il fallait que le décor en Italie soit non seulement une cité historique, mais s'adapte également au récit, par exemple, que Bella et Alice puissent arriver en voiture par les ruelles pavées jusqu'à la place principale pour gagner la tour sous laquelle Edward a prémédité de s'exposer au soleil de midi. Edward arrive en Italie, complètement débraillé, dans le costume de tweed gris qu'il porte désormais depuis des mois. « Depuis sa première apparition impeccable lors

de la soirée surprise chez les Cullen jusqu'au moment où nous le retrouvons en Italie, son costume s'est complètement élimé, il a perdu sa veste, son pantalon est crasseux et ses chaussures sont éculées, observe Tish Monaghan, dont l'équipe a géré le vieillissement du costume. Il a passé des mois à errer, seul, et il en est arrivé au stade où il est prêt à quitter la vie. » L'équipe de repérage qui s'est rendue en Italie pendant la période de préparation de *Tentation* comprenait Wyck Godfrey, Chris Weitz, David Brisbin, Javier Aguirresarobe et Bill Bannerman. « Nous avons exploré une douzaine de vieilles cités, essayant de trouver celle qui correspondrait le mieux à la description qu'en fait Stephenie dans le livre, avec cette place et son horloge, se souvient Godfrey. Nous voulions une ville avec un passé, pour qu'on puisse imaginer que les Volturi hantent ses souterrains depuis des siècles. Et nous désirions des ruelles pavées, des bâtiments dans lesquels il était possible de pénétrer, et bien entendu une grande place. »

Le décor du grand hall de marbre des Volturi, construit en studio à Vancouver, serait compatible avec la ville toscane de Montepulciano, finalement élue comme substitut parfait à la ville de Volterra, véritable cité médiévale que Bella, lorsqu'elle la découvre dans le roman, décrit comme entourée d'« antiques remparts et tours couleur sienne qui surplombaient l'à-pic[9]. » « Volterra avait une connotation plus médiévale, mais Montepulciano a une influence plus Renaissance… et qui dit Renaissance dit symétrie, dit Chris Weitz. Nous voulions également de la couleur rouge à la fin du film et la place principale est pavée de briques rouges, ce qui était parfait pour notre séquence de bravoure. En outre, pendant qu'Alice et Bella foncent en Porsche jusqu'à la place principale,

« Nous voulions faire sentir que Forks est bien loin. Le petit monde de Bella à Forks, où elle a trouvé ce qu'elle pense être une famille étrange, débouche sur quelque chose de démesuré, avec l'univers des vampires qui s'ouvre d'un seul coup à elle. »

— WYCK GODFREY

« J'ai adoré Montepulciano. Nous avons clos le film en beauté et en majesté en nous rendant dans un endroit aussi imprégné d'histoire, pour en faire le siège des Volturi y vivant depuis des siècles de façon souterraine. »

— TISH MONAGHAN

« Montepulciano est une belle cité moyenâgeuse où tout est ancien. Les acteurs étaient assez impressionnés là-bas, conscients de l'espace qui les entourait. Ce sentiment d'être dans un autre monde les a submergés, ainsi que nous tous, de même que le désespoir de devoir conclure cette intrigue. »

— THOM MCINTYRE

des perspectives magnifiques s'ouvrent, au bout d'allées ou de venelles, sur des vignobles et des prés verdoyants.»

Bill Bannerman compare habituellement l'art de la production «physique» à un jeu d'échecs. En l'occurrence, ce jeu a pris des allures de plan de bataille à Montepulciano, avec notamment l'étude à la loupe de la carte de la ville pour anticiper tout problème logistique potentiel ou la recherche d'un type de dépanneuse susceptible de passer par une rue particulièrement étroite. Bill Bannerman a effectué un deuxième repérage avec une unité italienne de *Tentation* afin de traiter tous les problèmes logistiques, pendant que le chef décorateur et la créatrice de costumes procédaient également à des voyages préparatoires en Italie. Un petit hôtel fut réquisitionné comme quartier général pour la coiffure, le maquillage et les costumes, et les autorisations nécessaires furent accordées.

«Le tournage en Italie a exigé une bonne dose de préparation et de planification dans tous

« LES FANS ÉTAIENT MERVEILLEUX ET ADORABLES, MAIS NOUS NE DEVIONS PAS PERDRE DE VUE NOTRE TOURNAGE. »

les départements, explique Bill Bannerman.

La cité, vieille d'environ 1 500 ans, est fortifiée et perchée sur une colline. S'étendant sur moins de trois kilomètres carrés, elle offre un espace très confiné et comprimé, avec des rues de la largeur d'une voiture. Lorsque vous arrivez dans des villes historiques, vous devez vous conduire avec respect et cette ville a un tel passé que cette aventure était très impressionnante.

Nous avons bouclé le tournage principal à Vancouver un jeudi, une petite partie de l'équipe s'est envolée dès le lendemain pour l'Italie où nous devions commencer les prises de vues le mardi. Il a donc fallu abattre un énorme travail de préparation entre temps pour que tout soit en place le mardi matin, à l'arrivée des acteurs et du réalisateur.»

De fait, les vieilles rues se sont fait piétiner non seulement par l'équipe de tournage d'un film du XXIe siècle, mais aussi par une armée de

Alice (Ashley Greene) essaie de passer inaperçue en Italie.

Le producteur Wyck Godfrey avec la superviseur des effets spéciaux Susan MacLeod.

Twilighteurs. « On aurait dit que tous les fans du continent européen s'étaient donnés rendez-vous à Montepulciano, sourit Weitz. Les ruelles étaient bondées de jeunes. Ils étaient merveilleux et adorables, mais nous ne devions pas perdre de vue notre tournage. »

Le styliste coiffure Thom McIntyre se rappelle d'une journée où les départements coiffure, maquillage et costume se sont retrouvés enfermés dans leur QG de base car les fans bloquaient l'entrée de l'hôtel. « Au moins, sourit-il, ils n'ont pas enfoncé la porte ni cassé de fenêtres. Il a fallu baliser les rues avec un cordon de police, et des policiers et des gardes du corps ont été appelés à la rescousse pour repousser la foule, continue-t-il. C'était un peu effrayant, mais surtout absolument fascinant. J'avais vu des émeutes similaires, mais pas depuis des années. C'était comme à l'époque des Beatles. »

La foule en délire a eu droit à une récompense : il manquait des figurants pour le festival qui se tient sur la place principale et le recrutement s'est fait sans problème. Le réalisateur a simplement plaisanté en disant qu'il lui faudrait trouver quelques hommes barbus et chenus pour équilibrer la composition essentiellement féminine de la foule (dont l'œil collectif suivait chaque geste de Robert Pattinson). Le réalisateur avoue que sa décision d'habiller les spectateurs du festival, non seulement en rouge, mais aussi d'une

capuche, a été totalement fortuite. « Il a fallu préparer 963 costumes pour la place, dont 850 capes à capuche », raconte Tish Monaghan, dont l'équipe de dix-huit personnes à Vancouver s'est vu prêter main forte par une équipe de six personnes. « Nous avons également loué une trentaine de costumes élisabéthains. Bella porte une chemisette vert foncé et des jeans bleus quand elle fonce sur ces pavés inégaux avant de déboucher sur la place rouge de monde. »

Le tournage a pris fin à Montepulciano. Peter Lambert, devant sa machine de montage numérique, se souvient de la parfaite adéquation entre l'image de la vieille ville toscane réelle et le décor monté en studio à Vancouver, cette représentation du monde souterrain des vampires s'épanouissant sous les rues pavées. « Il suffisait de se repasser les images deux ou trois fois pour être persuadé qu'il s'agissait d'un endroit existant réellement dans cette ville. »

Gillian Bohrer, responsable développement chez Summit, se souvient du jour où elle a conduit Stephenie Meyer en studio pour lui dévoiler le somptueux hall des Volturi. Les acteurs jouant le rôle des Volturi sont apparus, de façon très théâtrale, pour la saluer. « On ignore pourquoi, mais ce jour-là, quelqu'un avait allumé les lumières à l'autre bout du plateau, là où seraient les trônes, et lorsque les acteurs ont fait leur entrée, leurs silhouettes se sont découpées contre la lumière. Je leur ai présenté Stephenie, c'était vraiment un moment inoubliable. Ce décor était gigantissime et c'était tout à fait ce qu'imaginait Stephenie… Elle voit les choses en grand ! » La directrice artistique Catherine Ircha remarque que le décor des Volturi était prévu pour la fin du tournage à Vancouver, et devait être l'apothéose

« C'est exaltant de se trouver sur un décor et de créer un environnement très dramatique. Construire un hall de deux mille mètres carrés et voir des vampires s'y provoquer en duel n'est pas une expérience qu'on vit tous les jours. »

— BILL BANNERMAN

« Des milliers de panneaux de bois ont été travaillés pour restituer l'aspect du marbre, puis ont été fixés séparément sur le sol et les murs du grand hall. »

— CATHERINE IRCHA

« J'ai des notions d'architecture et je me suis donc inspiré de plusieurs sources pour le grand hall des Volturi. Je connaissais les maîtres de l'architecture toscane, mais nous avons tout inventé de toutes pièces. J'espère que ce sera une belle surprise pour les lecteurs qui se sont fait une image de ce lieu d'après le roman et ne l'ont pas encore visualisé à l'écran. »

— DAVID BRISBIN

Dakota Fanning, actrice renommée, endosse le rôle de la sinistre Jane, membre du clan Volturi.

de tout le travail du chef décorateur. « Le processus de conception du hall Volturi a commencé dès le premier jour », explique-t-elle.

« Faire la liaison entre ce que nous avons construit à Vancouver et des lieux existants impliquait d'extrapoler à partir de ce qui était décrit dans le livre et le script pour créer un espace servant les besoins de l'histoire à raconter, explique David Brisbin. Il y avait la séquence dans laquelle Bella pénètre dans le monde des Volturi, le saint des saints. Non seulement une telle organisation dépasse l'imagination, mais on ne conçoit même pas comment peut être leur lieu de vie, ni même comment on peut y accéder. Nous voulions un hall Volturi à couper le souffle, à l'encontre de l'imagerie traditionnelle des repaires de vampires, sombres, sinistres et suintants d'humidité.

Selon les indices de Stephenie Meyer, il s'agissait d'un hall de marbre blanc. Par ailleurs, la place principale de Montepulciano dégage une belle sensibilité médiévale et nous sommes partis de là pour créer notre propre espace. »

« Le hall Volturi était, pour David Brisbin, sa pièce maîtresse, ce décor énorme, tellement haut, large et imposant que vous en restiez bouche bée, explique Catherine Ircha. Il mesurait environ vingt mètres de large, douze mètres de haut, et un élément en effet visuel, que nous avons également conçu, rajoutait encore au moins vingt mètres de dôme. Cet espace puissant et monumental laissait beaucoup de latitude aux acteurs et auréolait les Volturi de gloire et d'éclat.

L'effet de faux-marbre a été un élément clé du décor. Lorsque les Volturi se rendent du balcon au hall principal, ils traversent un corridor de colonnes de bois, mais qui paraissent en marbre, poursuit-elle. David disait : "J'aime bien ce marbre vert avec ces veines, ou j'aime bien ce marbre gris avec ces veines." Nous avons réalisé énormément d'échantillons de textures et de marbres : le Duomo de Florence présentait beaucoup de similitudes avec ce que nous recherchions, des carreaux verts contre carreaux crème ou gris. En tout état de cause, nous disposions de milliers de références, avec différents vieillissements et textures, et David a fait un mix de tout ça. Deux semaines avant le début du tournage, nous travaillions sur les échantillons de marbre et dès la troisième semaine de tournage, au lycée, nous avons été en mesure de montrer nos sélections à Chris et Javier.

Ensuite, nous avons employé au moins cent personnes à fabriquer du marbre les trois semaines qui ont suivi. Ça a été un travail de titan. »

Michael Sheen, acteur gallois apprécié pour ses prestations de qualité dans les films nominés aux oscars *The Queen* et *Frost Nixon,* a rejoint l'équipe de *Tentation* pour jouer l'un des chefs du clan Volturi. Dans le rôle du puissant Aro, Michael Sheen a tiré son chapeau au roman pour la complexité de son personnage et a accueilli à bras ouverts l'opportunité qui lui était donnée de s'inscrire dans la lignée des acteurs ayant interprété un rôle de vampire. « Jouer un vampire, c'est un peu comme jouer Hamlet, tout le monde a son idée sur la question. Dangereux et puissant, Aro donne la mort, et pourtant sa description n'en fait pas un personnage de Dracula sinistre. Stephenie indique qu'il parle dans un souffle, d'une voix faible. J'aime bien me représenter les vampires, en général, comme une espèce séduisante pour

leurs victimes. Ce sont les prédateurs parfaits, ils ont évolué de façon à attirer leurs proies, les humains, entre leurs crocs. »

« Le clan Volturi est ce qui se rapproche le plus d'une famille royale, dans l'univers des vampires : il décide de ce qui est juste et fait respecter les lois, déclare Kristen Stewart. Edward veut se suicider, car il croit que Bella s'est tuée et finalement, ils se retrouvent dans cette grande réunion. C'est drôle, parce que dans le roman, il est écrit que les Volturi n'ont aucun égard pour la vie humaine, mais la façon dont Aro traite Edward et Bella est étrangement pleine de compassion. »

Pour la rencontre entre les Volturi et Edward, Bella et Alice Cullen, une des premières ébauches du script imaginait une bataille en règle. « Dans le livre, Jane paralyse Edward, mais pour le film, nous voulions un peu plus de panache, alors nous avons introduit l'idée d'une bataille rangée, se rappelle Melissa

« QUANT À BELLA, NOUS AVONS ESSAYÉ DE LA MONTRER COMME UNE HUMAINE COINCÉE AU BEAU MILIEU D'UNE BATAILLE DE VAMPIRES. »

Marcus (Christopher Heyerdahl).

Alec (Cameron Bright) et Jane (Dakota Fanning).

Dr. Carlisle Cullen (Peter Facinelli) dans les années 1800.

Caius (Jamie Campbell-Bower).

« Le livre, comme le script, mentionne que la peau des Volturi ressemble à celle d'un oignon. Alors, lors d'une réunion avec le réalisateur et les producteurs, j'ai apporté un oignon ! Au niveau maquillage, j'ai donné à la peau des Volturi un aspect de perle, en rajoutant un pigment blanc nacré par-dessus l'autre base. Tous en noir, les Volturi devaient avoir l'air ancien, sage et un peu irréel, je crois, au niveau de la lumière, de la coiffure et des costumes. Quand je dis irréel, je veux dire qu'ils devaient sembler un peu hors du monde. Ils ne veulent pas que notre monde sache que des vampires existent encore de nos jours, alors ils se sont repliés dans leur palais. »

— NORMA HILL-PATTON

« STEPHENIE A FAIT REMARQUER QUE
LE DON DE FÉLIX EST DE SE BATTRE, CE QUI SUFFIT
À STIMULER L'AGRESSIVITÉ D'EDWARD. »

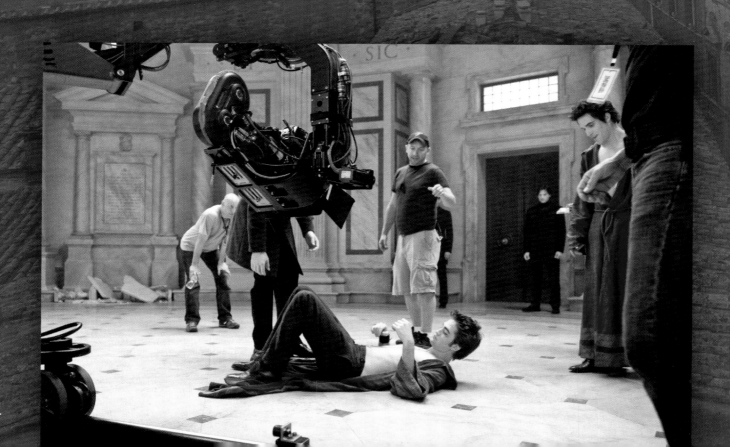

« Tous les vampires, notamment les Volturi, semblent à l'aise dans leur existence, tout en se considérant comme des monstres. Et quand ils rencontrent cette humaine qui assène : "J'aime cet homme", ils ont tous envie que ça leur arrive aussi. Ils veulent croire que c'est possible. C'est cette curiosité et cette fascination qui, essentiellement, les sauvent. »

— ROBERT PATTINSON

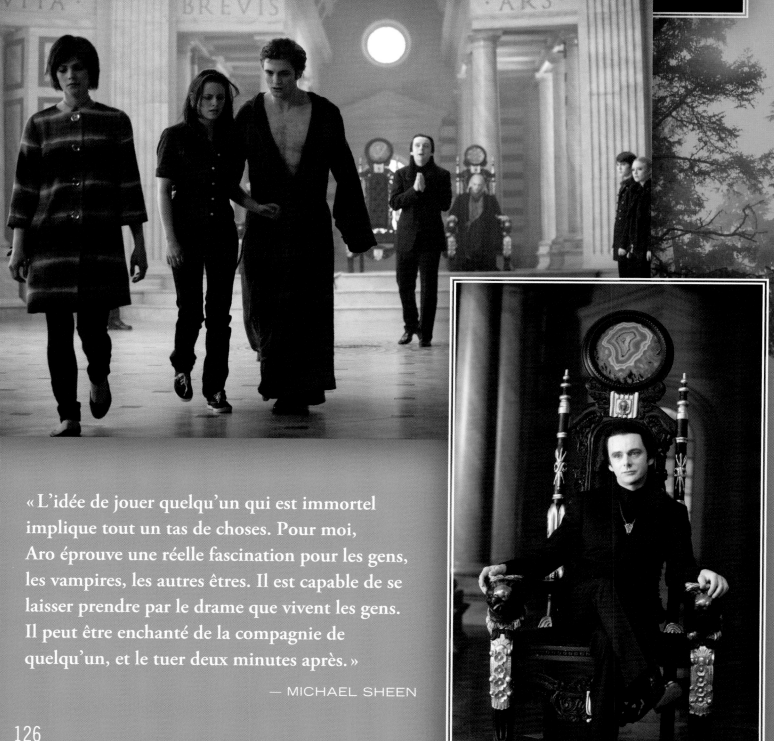

« L'idée de jouer quelqu'un qui est immortel implique tout un tas de choses. Pour moi, Aro éprouve une réelle fascination pour les gens, les vampires, les autres êtres. Il est capable de se laisser prendre par le drame que vivent les gens. Il peut être enchanté de la compagnie de quelqu'un, et le tuer deux minutes après. »

— MICHAEL SHEEN

Rosenberg. Edward combattait contre tous les gardes qui se trouvaient là, Alice se battait, Edward était projeté au plafond, des vampires volaient dans tous les sens… Ce que j'avais écrit coulait la moitié du budget! C'est toujours la même vieille histoire d'*Autant en emporte le vent* : "Et Atlanta est dévastée par un incendie." Stephenie m'a recadrée et nous avons opté pour une scène plus appropriée. Stephenie a fait remarquer que le don de Felix est de se battre, ce qui suffit à stimuler l'agressivité d'Edward. »

J.J. Makaro, le coordinateur des cascades, a souligné que l'objectif n'était pas de montrer une bataille de superhéros extraordinaire et qu'Edward n'était pas un spécialiste d'arts martiaux voulant exhiber ses talents. « Edward est l'exemple type du gars qui se retrouve au mauvais endroit au mauvais moment, explique J.J. Makaro. Le gros de la bagarre se joue entre Edward, Felix et Demetri. Quant à Bella, nous avons essayé de la montrer comme une humaine coincée au beau milieu d'une bataille de vampires. On a utilisé des câbles, mais on a également voulu mettre l'accent sur le combat à mains nues à la vitesse des vampires, ce qui, sur *Tentation*, signifiait "au ralenti". Le ralenti est la grande signature de la bagarre, poursuit-il. Nous voulions que le combat se joue sur la terre ferme, sans grandes envolées dans les airs ni explosions contre les murs. C'était plutôt de la lutte où chacun s'attrape, se bouscule et se frappe. »

Cette scène passerait également à différentes vitesses, selon la perspective adoptée (du point de vue de Bella qui regarde ou des vampires qui se battent). « Nous avons découvert que si nous accélérions la vitesse de la caméra, le résultat était assez ridicule, ajoute J.J. Makaro. Nous avons consacré beaucoup de temps à définir les vitesses optimales pour certains mouvements. »

« À un moment, la tête d'Edward s'écrase par terre sur le marbre et on voit sa peau de vampire se craqueler, comme le sol. On pense que c'en est fini d'Edward, mais sa blessure se guérit en un clin d'œil. J'ai interpellé Chris : "Cette guérison spontanée, c'est pas plutôt un truc de loups ?", se souvient Susan MacLeod. Il m'a répondu : "Ouais, je ferais mieux d'appeler Stephenie." Il lui a donc téléphoné et elle lui a donné sa bénédiction! Au moindre doute, on passait systématiquement par Stephenie, car elle a toute la mythologie de l'histoire dans la tête. »

Daniel Cudmore dans le rôle de garde du corps des Volturi, Felix.

Pour obtenir cet effet, Prime Focus a créé un sol numérisé et un effet de craquelure numérisée sur le visage d'Edward. « On a utilisé la même technique de match-moving que pour le visage aux diamants, où le modèle numérisé du visage de l'acteur est animé de façon parfaite selon l'image du film », raconte Eric Pascarelli.

« AU MOINDRE DOUTE, ON PASSAIT SYSTÉMATIQUEMENT PAR STEPHENIE, CAR ELLE A TOUTE LA MYTHOLOGIE DE L'HISTOIRE DANS LA TÊTE. »

Robert Pattinson dans le rôle d'Edward Cullen et Kristen Stewart dans celui de Bella Swan.

Pendant les mois de postproduction, l'été, le monteur Peter Lambert a travaillé au découpage final du film avec Chris Weitz. «Monter un film est difficile et parfaitement subjectif, commente Peter Lambert. Le plus important est de parvenir à conserver sa fraîcheur d'esprit. Après trois semaines à peine de postproduction, j'avais déjà visionné chaque scène au moins vingt ou trente fois, et la version assemblée de tout le film au moins une demi-douzaine de fois. Mais à chaque fois, je devais le regarder avec un œil neuf, comme si j'étais un spectateur qui le découvrait pour la première fois. »

Le monteur s'est trouvé également devant un dilemme de longueur : le premier film final durait trois heures. «Je me suis senti un peu inquiet avec ce premier montage. Je sais bien que les fans de *Twilight* vont penser : "Trois heures en compagnie d'Edward, de Bella et de Jacob, mais c'est le rêve !" Mais en réalité, le film manquait de punch et de rythme, c'était trop mou. Enfin, rien que de très normal pour un premier assemblage, vous fonctionnez un peu à l'aveugle quand vous le montez. Il a donc fallu raccourcir. Mais pas d'inquiétude, on n'a jamais imaginé couper des scènes, on en a juste tronqué certaines pour donner plus de rythme. Vous devez passer en revue de façon rigoureuse tout ce qui est essentiel. Chris était tous les jours à mes côtés, pour passer chaque moment de chaque scène au crible, en envisageant tous les plans possibles. »

«Dans ce film, il y a des effets visuels, de l'action et de l'horreur, mais à la base, c'est une histoire d'amour, dans laquelle on s'embarque avec les héros, ajoute Peter Lambert. Et Kristen,

Une partie du songe de Bella.

*Edward (Robert Pattinson)
explore la chambre de Bella.*

« La meilleure façon de faire un travail personnel sur un film, c'est d'en rêver. De se préparer à toutes les éventualités, d'avoir une idée précise de la palette de couleur, d'arriver à une parfaite communication avec le réalisateur. Et surtout de s'entourer de la meilleure équipe. Avec toutes nos ressources et notre idée de la lumière, nous présentons nos images. »

— JAVIER AGUIRRESAROBE

Taylor et Robert ont été incroyables, ils étaient totalement habités par leurs personnages. Dans les rushes, avec les différentes prises, nous pouvions voir le moment de leur prise de conscience, là où ils basculaient. Dans les premières prises, ils pensaient à leurs repères ou à leur texte, et puis tout à coup, le déclic se faisait : leurs personnages se mettaient à vivre tout en nuances et en ressenti. Dans mon métier, une des qualités est la discrétion, le montage ne doit pas être visible. Il faut trouver quels moments des prises de vues seront les plus aptes à servir l'histoire. »

Faire un film, c'est comme un spectacle de magie itinérant qui s'installe, fait apparaître des

Bella adore l'histoire de **Roméo et Juliette,** *comme sa créatrice* **Stephenie Meyer.**

« DANS CE FILM, IL Y A DES EFFETS VISUELS, DE L'ACTION ET DE L'HORREUR, MAIS À LA BASE, C'EST UNE HISTOIRE D'AMOUR DANS LAQUELLE ON S'EMBARQUE AVEC LES HÉROS. »

illusions puis disparaît, laissant derrière lui l'empreinte de ses rêves sur le support. Et il en a été ainsi avec *Tentation*. Mais comme il s'agit d'une série, le studio pourra faire renaître la magie de ce monde une nouvelle fois.

« Ça me fend le cœur de penser que le décor des Volturi ne sera pas éternel, qu'il n'est pas vraiment constitué de marbre et qu'il sera démoli, avoue Gillian Bohrer. Tout le processus de réalisation d'un film est temporaire. Au démarrage d'une production, l'équipe devient comme une vraie famille, les acteurs se lient d'amitié, puis tout le monde se disperse. Leur travail continue à vivre à l'écran, mais tout ce qui est construit pendant cette période est démantelé ou recyclé par la suite. Ce qui est super, quand on travaille sur une saga, c'est qu'on va revenir et recommencer. Chaque livre, sur un plan thématique, suit sa propre histoire. J'aime le fait que chaque film soit confié à différents réalisateurs, avec des styles différents, alors que les personnages qui restent les mêmes, sont joués par les mêmes acteurs. Chaque film a son caractère unique, mais fait partie d'un tout. »

Tandis que *Tentation* était en postproduction, *Hésitation* était en chantier et la date de début du tournage était prévue pour août 2009. « Nous travaillons sur le script, annonçait Gillian Bohrer en juin. Au niveau du casting, il ne nous manque que quelques nouveaux rôles, nous disposons déjà de la moitié de nos sites de tournage. C'est amusant, mais l'expérience *Tentation* a été très différente de celle de *Twilight*. Pendant que nous étions en repérage pour *Tentation*, je recherchais un réalisateur et je travaillais avec Melissa sur le script d'*Hésitation*. Autrement dit, pendant que l'esprit de Wyck était

« Ce film, pour moi, a eu un effet rédempteur. Sur mon dernier film, j'ai eu des moments difficiles et j'ai eu l'impression d'être quelquefois dépossédé de ma réalisation. En comparaison, ce tournage a été un vrai bonheur et j'ai pu exploiter tout ce que j'avais appris jusqu'ici. En plus, j'ai eu la chance de travailler avec des personnes vraiment extraordinaires. Quand j'ai commencé, je n'avais pas pris toute la mesure de l'enthousiasme de la communauté des fans, ce qui m'a donné une énergie incroyable. Ensuite, en salle de montage avec Peter Lambert, j'ai encore ressenti cette même stimulation motivante. Je crois que personne ne se doutait qu'il y aurait ce mouvement d'enthousiasme, qui engendrerait un tel effet boule de neige, les livres et les films auto-alimentant à tour de rôle ce phénomène culturel incroyable. »

— CHRIS WEITZ

obnubilé par *Tentation*, moi, je réfléchissais à *Hésitation*. Mais ce qui est cool sur une saga, c'est que cela vous offre plein d'opportunités pour rebondir sur ce que vous avez créé par le passé. *Twilight* était un bon point de départ. Nos acteurs ont effectué un travail phénoménal. Je suis impatiente de connaître la suite. »

Erik Feig, le président de Summit Entertainment, a indiqué que la stratégie du studio était de changer de réalisateur à chaque film. « Chaque livre présente un dilemme émotionnel et une portée visuelle qui lui sont propres et nous avons essayé de trouver le réalisateur approprié à chaque cas. *Twilight* est brut et réel ; Catherine Hardwicke était le premier réalisateur que j'ai rencontré et la seule sur ce film. Dans *Tentation,* des émotions plus complexes, avec des forces plus puissantes, sont en jeu, et Chris Weitz était l'homme de la situation. Pour *Hésitation*, la problématique est

« CHAQUE FILM A SON CARACTÈRE UNIQUE, MAIS FAIT PARTIE D'UN TOUT. »

d'arriver à montrer au public que chaque choix porte ses conséquences et que Bella se trouve au centre d'un écheveau d'options complexes. Qui pouvait se charger de ce film ? David Slade. Autrement dit, pour chacun de ces films, en termes de portée visuelle et de problématique émotionnelle centrale, nous avons essayé de trouver le bon réalisateur, et j'ai été réellement content de chacun des choix. »

« Dans *Hésitation*, on retrouve une ligne narrative, ajoute Wyck Godfrey. À présent le décor est planté. Les relations sont dessinées, toutes les forces en jeu connaissent l'existence de Bella et se bousculent… Que va-t-il se passer à Forks, que va-t-il arriver à sa famille et à ses amis ? » Le roman *Tentation* se termine sur Edward et Bella faisant face ensemble à ces questions. « J'inspirai profondément. C'était vrai. Edward était là, il m'enlaçait. Tant que ça durerait, je serais capable d'affronter n'importe quoi[10]. »

« Carrant les épaules,
j'avançai vers mon triste
sort, solidement soutenue
par mon destin[11]. »

NOTES

1   *Tentation*, Stephenie Meyer, Hachette Livre, 2006, traduit de l'anglais par Luc Rigoureau, page 294 (titre original : *New Moon*, publié par Little, Brown and Company, États-Unis, 2006).

2   *Ibid.*, page 213.

3   *Twilight : Le Guide officiel du film « Fascination »*, Mark Cotta Vaz, Hachette Livre 2008, page 123 (titre original : *Twilight, The Complete Illustrated Movie Companion*, publié par Little, Brown and Company, États-Unis, 2008).

4   *Tentation*, Stephenie Meyer, page 83.

5   « Un nouveau réalisateur pour la suite de *Twilight* », dans l'article « Arts, Briefly », cité par Dave Itzkoff dans *The New York Times*, 9 décembre 2008.

6   *Tentation*, Stephenie Meyer, page 16.

7   *The Préraphaélites*, James Harding, publié par Rizzoli International Publications, Inc., New York, 1977, page 5.

8   *Fascination*, Stephenie Meyer, Hachette Livre, 2005, traduit de l'anglais par Luc Rigoureau, pages 140-141 (titre original : *Twilight*, publié par Little, Brown and Company, États-Unis, 2005).

9   *Tentation*, Stephenie Meyer, page 451.

10   *Ibid.*, page 571.

11   *Ibid.*, page 571.

Toutes les citations des acteurs Kristen Stewart, Robert Pattinson, Taylor Lautner, Tyson Houseman, Chaske Spencer, Bronson Pelletier et Michael Sheen sont tirées des kits de presse électroniques. L'auteur remercie Summit Entertainment d'avoir mis ces documents à sa disposition pour le présent ouvrage.

REMERCIEMENTS

Un grand merci à Chris Weitz, Erik Feig et à toute l'équipe de production de *La Saga Twilight : Tentation,* qui ont accepté de me consacrer du temps.

Je remercie Megan Tingley chez Little, Brown and Company, qui m'a demandé d'écrire ce livre, et Erin Stein qui l'a révisé avec soin. Chez Summit Entertainment, Juliet Berman, assistante exécutive de Nancy Kirkpatrick, a été un indispensable agent de liaison. Mon brillant agent, John Silbersack, m'a donné l'impulsion, et son assistante Emma Beavers a été une aide appréciable pendant toute la durée de mon travail.

Un grand coup de chapeau à : Dave Roker (assistant de Chris Weitz), Michael Lewis (agent de Javier Aguirresarobe), Lori C. Petrini, Niketa Roman, ainsi qu'à Kip Larsen (Tippett Studio) et Allison Garfield (assistante de Bill Bannerman).

Pendant que j'y suis, toute mon estime pour Joe Monti et le gourou littéraire Bob Wyatt. Ma reconnaissance à Bettylu Sullivan Vaz, ma mère, qui a vérifié mon manuscrit de son œil d'experte ; mon amour à Padre et à toute la famille, et une bonne bourrade à mon frère Patrick, bloggeur extraordinaire, protecteur des arts et référence suprême pour toutes les vérifications littéraires. Enfin, un salut final à Mike Wigner, le plus grand messager à bicyclette du monde (ça y est, le moment est venu ! Réserve la table habituelle au Vesuvio, j'ai bouclé !).

Photo © Bruce Walters

☽

L'AUTEUR

Mark Cotta Vaz est l'auteur de vingt-sept ouvrages. Il a écrit de nombreux best-sellers primés par le *New York Times*, dont le numéro un est *Twilight : Le Guide officiel du film*, qui a également figuré dans la liste des cent meilleurs titres vendus en 2008 de *USA Today*. Il travaille actuellement sur l'histoire cachée de la société Pan American Airways.